SACCAGE
et Finis
CE CARNET

Salut à toi

D'abord merci de prendre de ton temps pour me lire. Ce carnet te permettra de faire exploser ta créativité et de t'apercevoir que dans la vie on peut se marrer, s'amuser et se découvrir une âme d'artiste .

Le premier but du livre est que tu fabriques ton œuvre d'art rien qu'à toi. Tu en es capable et je suis sûr que ton imagination est débordante.

Si tu le souhaites, je t'invite à m'envoyer les extraits de ton livre et quelques idées que tu souhaiterais y voir apparaître.

Alors rendez-vous à l'adresse e-mail suivante :

rick.thims.editions@gmail.com

Je te souhaite un dépaysement total, sors de ta zone de confort et amuse-toi bien !

Au plaisir de te lire.

Bien à toi.

Rick Thims

Attention ! ! !

Quand tu œuvreras et rempliras ton livre, tu vas évidement te salir et te tacher avec de l'encre, de la peinture et te coller les doigts !

Tu toucheras aussi des trucs et substances louches et bizarres.

Tu vas sûrement regretter de détruire ce livre et de ne pas en prendre soin.

Au final, tu vas changer d'avis et te prendre au jeu. Ici tu vas vite t'apercevoir que détruire quelque chose, c'est créer une œuvre nouvelle, inestimable et unique.

C'est Ton Œuvre !

Alors éclate-toi, éclate ce livre, qu'il soit l'allié de ta folie de virtuose qui te sortira du virtuel !

Rick Thims

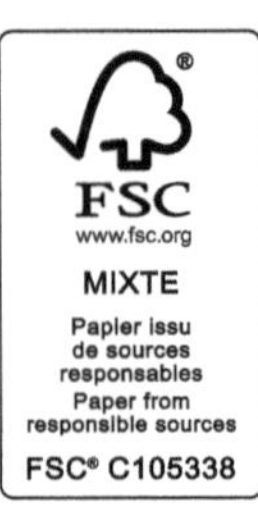

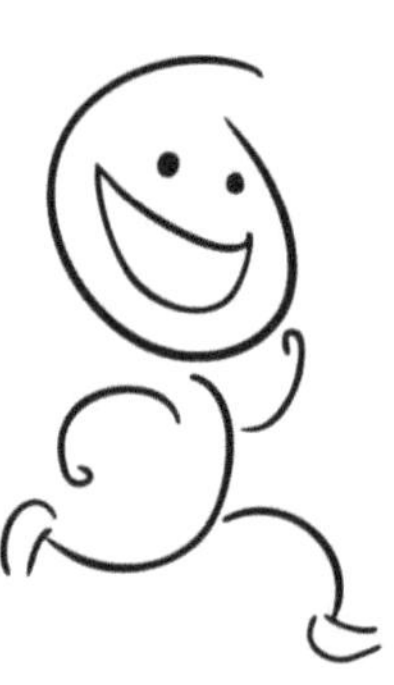

Édition : BoD – Books on Demand, info@bod.fr.

Impression : BoD – Books on Demand, In de Tarpen 42, Norderstedt (Allemagne)

Impression à la demande

ISBN : 978-2-3224-3621-7
Dépôt légal : Novembre 2022

Dis-moi déjà à qui appartient ce livre

En bref, écris ton prénom de ta plus belle plume

Écris maintenant ton prénom d'une manière illisible

Écris ensuite ton prénom en gros et en MAJUSCULE

Pour finir, écris ton prénom à l'envers

Quelle est ton adresse ?

Quel est ton numéro de téléphone ?

*Petite Remarque

Si tu trouves ce livre, tu dois remplir un ou plusieurs défis, et renvoyer cette œuvre d'art à son propriétaire.

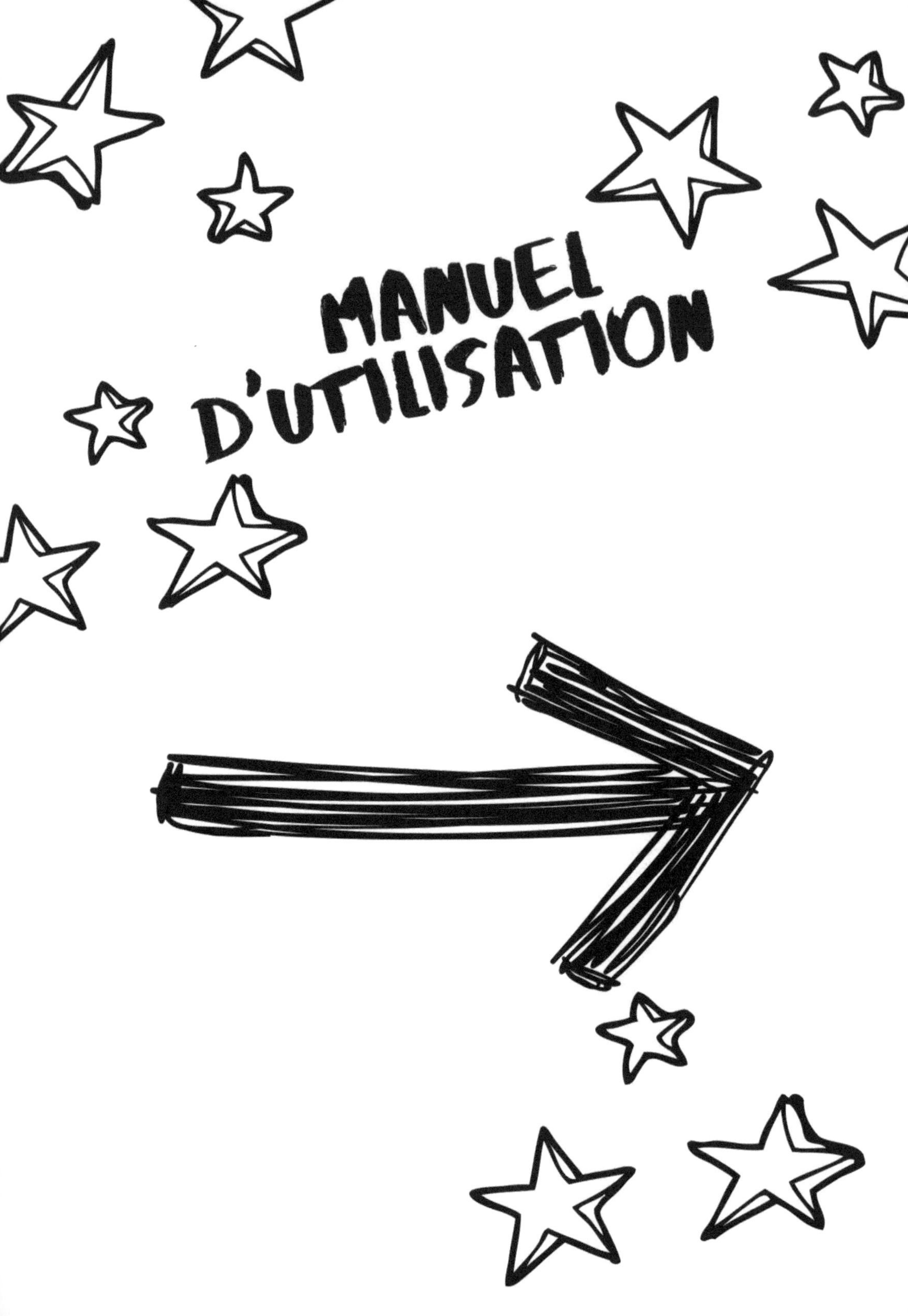

MANUEL D'UTILISATION

1 Emmène ce livre partout avec toi, vous ne devez faire qu'un.

2 L'ordre de réalisation des défis n'a pas d'importance.

3 Respecte bien les consignes que je te donne.

4 Essaye, teste et expérimente, c'est primordial pour que ton œuvre soit originale.

5 Tu peux adapter les consignes comme tu veux. (Le bon sens ne sera pas de mise.)

Colorie cette page, ne la laisse pas blanche

Le Matériel qui pourrait être utile, ou pas !

- ☐ Ce carnet
- ☐ De l'imagination
- ☐ De la colle
- ☐ De la bave ou salive
- ☐ De l'eau ou du soda
- ☐ Des fleurs
- ☐ Des feuilles d'arbres
- ☐ Un crayon à papier
- ☐ Un stylo à bille
- ☐ Du fil et une aiguille
- ☐ Des timbres
- ☐ Des cheveux
- ☐ De l'encre
- ☐ De la peinture
- ☐ Du tissus
- ☐ De la crème de jour
- ☐ Un peigne
- ☐ Des couverts
- ☐ De l'herbe
- ☐ Une ficelle
- ☐ Des idées
- ☐ Des pieds et des mains
- ☐ Des journaux
- ☐ Des balles
- ☐ Des photos
- ☐ Fournitures de bureau
- ☐ Du vernis à ongles
- ☐ Des aliments
- ☐ Du chocolat, café / thé
- ☐ Du ruban adhésif
- ☐ Du rouge à lèvres
- ☐ Une paire de ciseaux
- ☐ Du maquillage
- ☐ De la détermination
- ☐ Des paillettes
- ☐ Des plumes
- ☐ De la peur
- ☐ Des larmes
- ☐ Des poils
- ☐ Des trucs visqueux

MARQUE TES PROPRES NUMÉROS DE PAGE

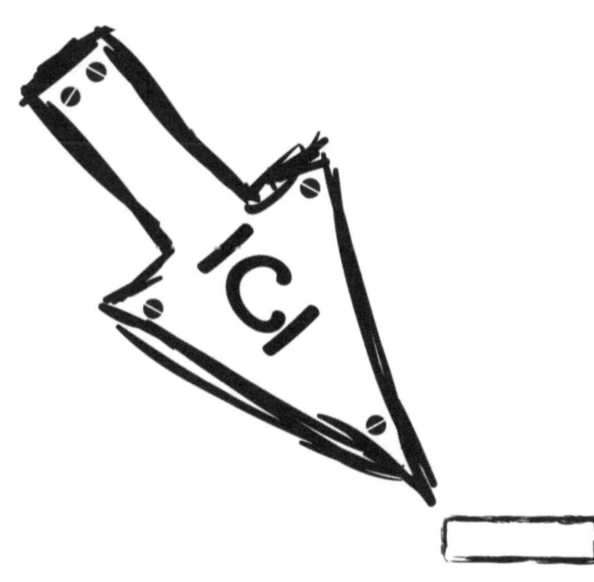

Assouplis le dos
de ton livre,
prépare-le
Pour que celui-ci
puisse affronter
ton courroux !

Répertoire des taches

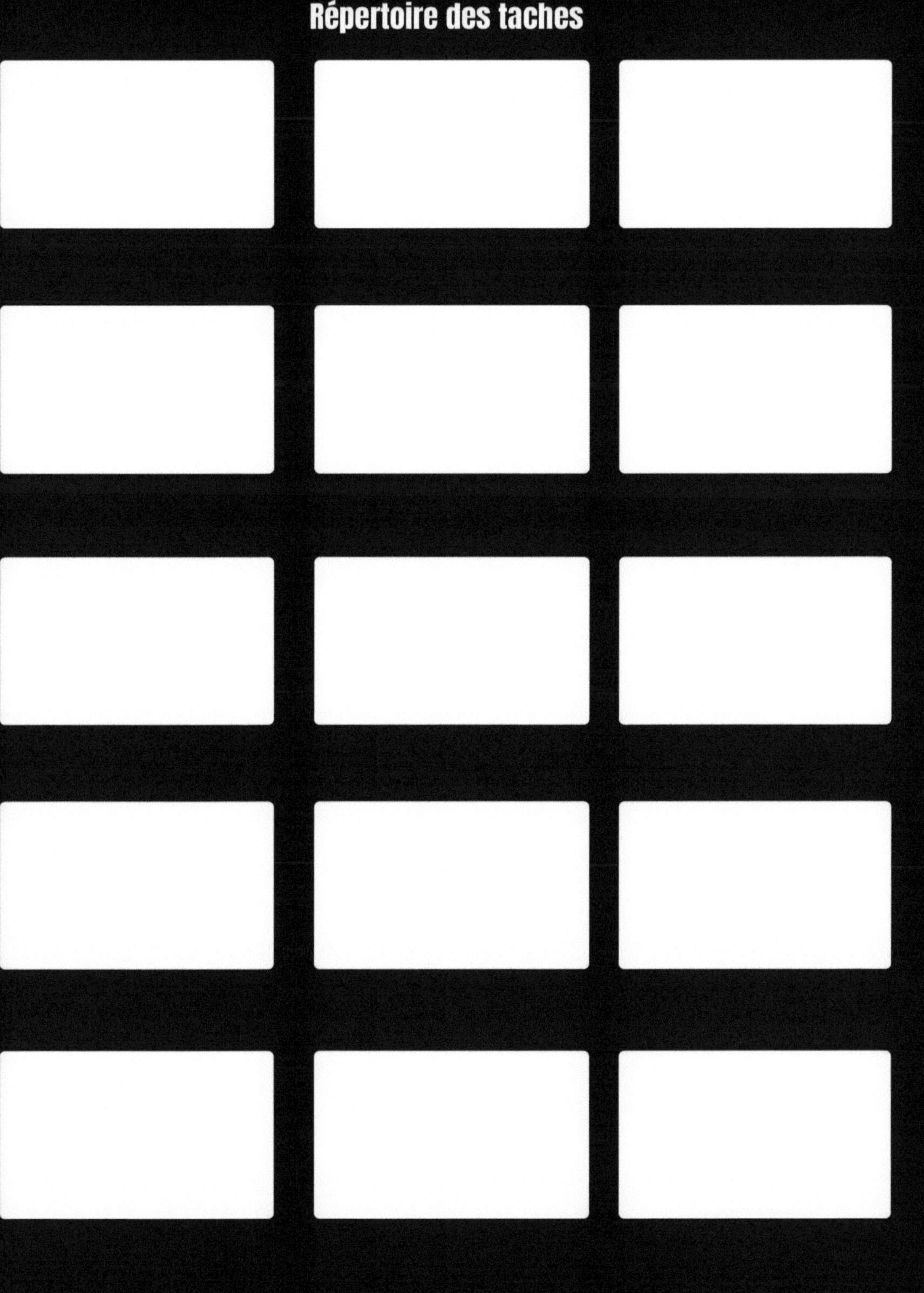

Tiens-toi debout Ici !

(Essuie tes pieds sur le livre et/ou saute à
pieds joints)

Làk

Éclabousse, Renverse, Crache, ta boisson préférée ici

Dessine les contours des Taches.

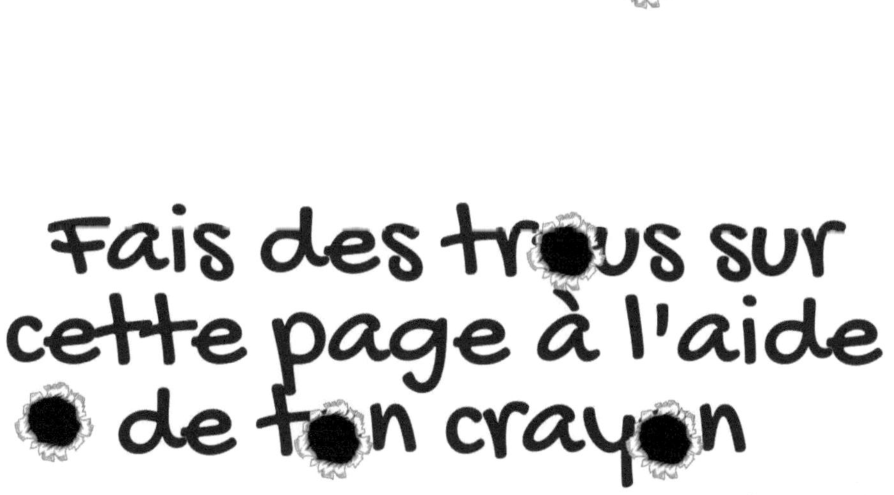

Fais des trous sur
cette page à l'aide
de ton crayon

Peins cette page

Trace des lignes avec des stylos de différentes couleurs

(en appuyant plus ou moins fort)

Pages réservées aux empreintes de mains

(Tu peux aussi appliquer de la colle et ajouter des paillettes)

Invente ta **propre**
METHODE DE SACCAGE

Fait le :

Signature du
créateur :

Place des pièces de monnaie derrière cette page.

Page vierge qui va forcément servir

Pages réservées aux empreintes de pieds

(Salis tes pieds avec de la peinture ou de l'encre et applique-les sur les 2 pages)

Fais des taches de peinture.

Fais des taches de peinture.

COLORIE toute la page

Colle des gommettes sur cette page.

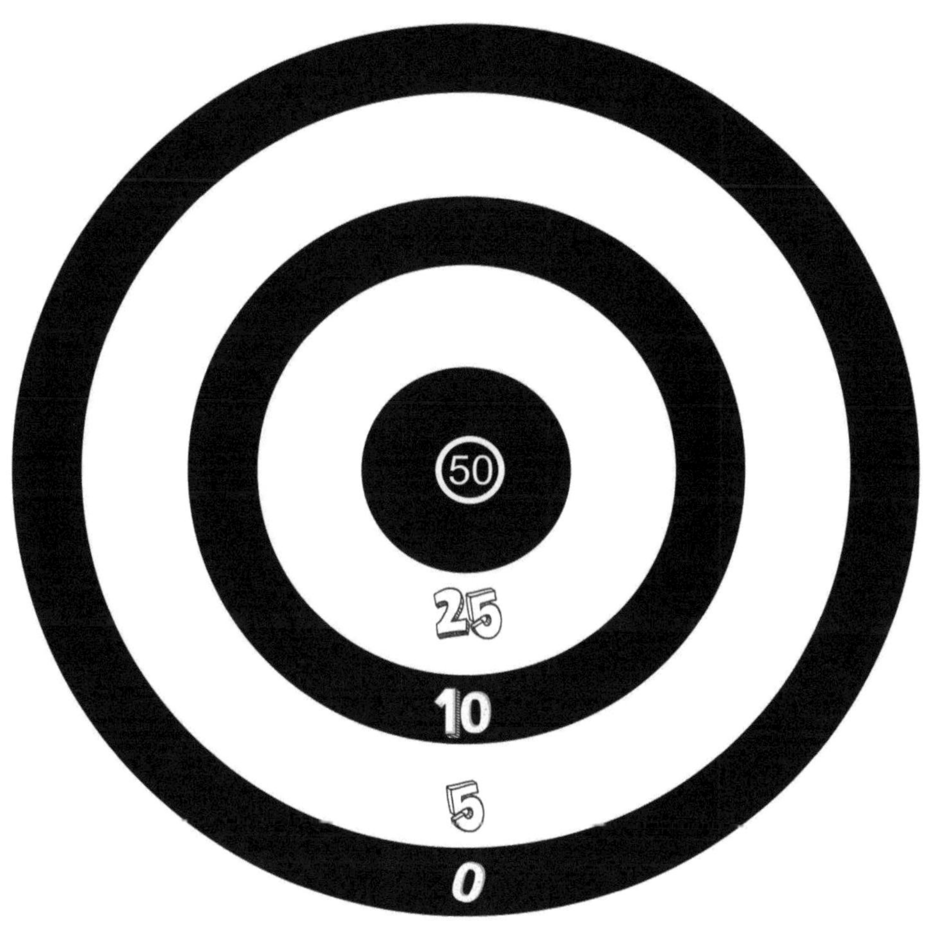

Vise et lance quelque chose !

Un crayon, un chiffon imbibé de peinture,
une balle trempée dans de l'encre...

Colle des plumes
sur les deux pages !

Colle du papier bulle et éclate une bulle quand tu en as envie.

DÉCHIRE la page !

à l'aide d'un objet tranchant.
Gare aux doigts !

Gribouille et saccage la
page, avec insouciance.

Page à Stickers

Arrache les languettes,
DÉCHIRE-LES !

Colle,
Agrafe, ou Attache Avec
du Ruban Adhésif

Les Pages

de ton livre

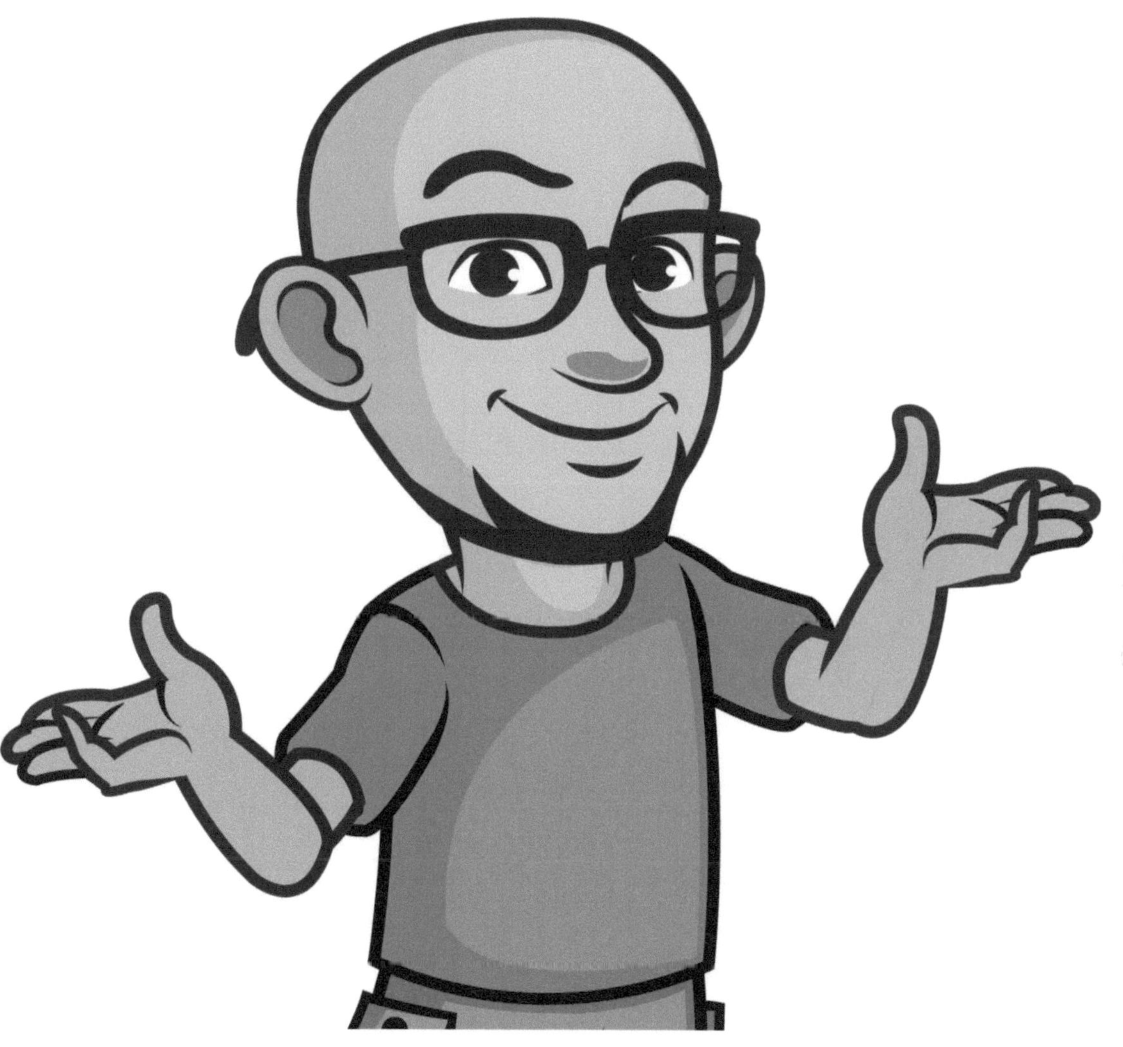

Aide Rick à se refaire une coupe de cheveux.

Tu peux prendre les cheveux de ta brosse, ou plusieurs de tes mèches.

Fais les ongles de ton carnet avec du vernis !

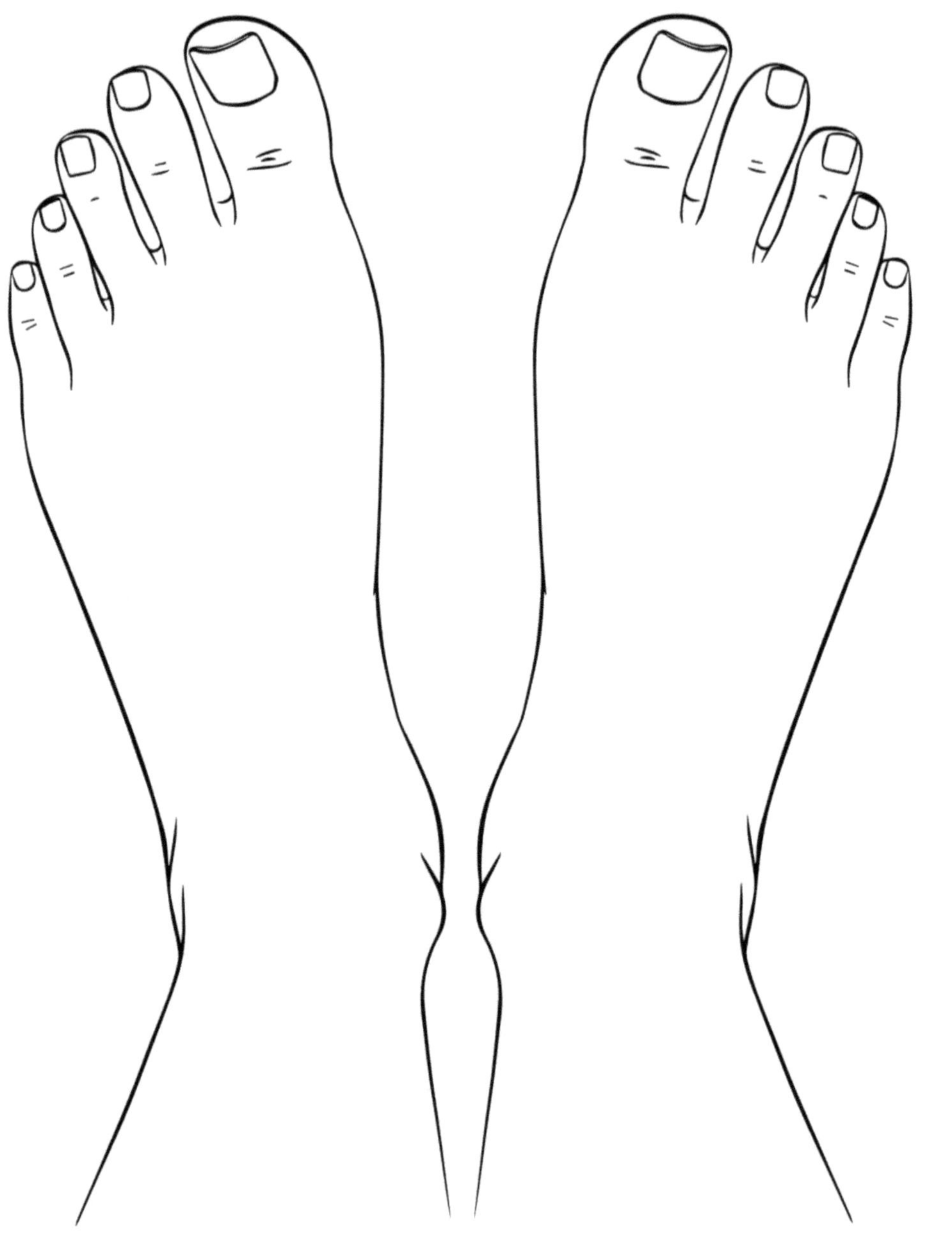

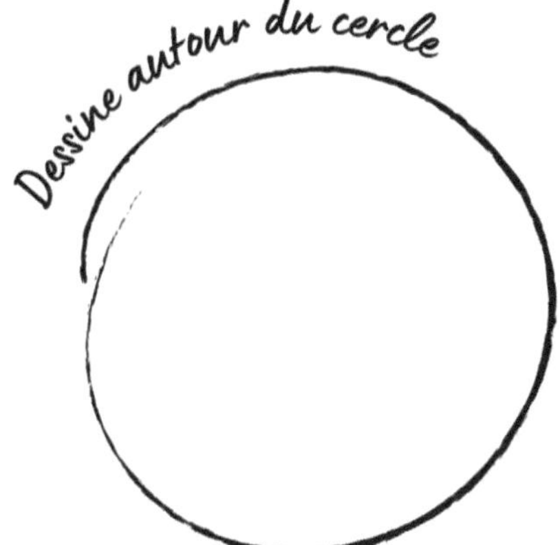
Dessine autour du cercle

Dessine autour du cercle

Décris-moi ce que tu as mangé

Frotte, étale et éclabousse cette page avec
les restes de ton repas,

ou sers-toi de cette page comme ta serviette.

Page où
tu peux coller des confettis dessus.

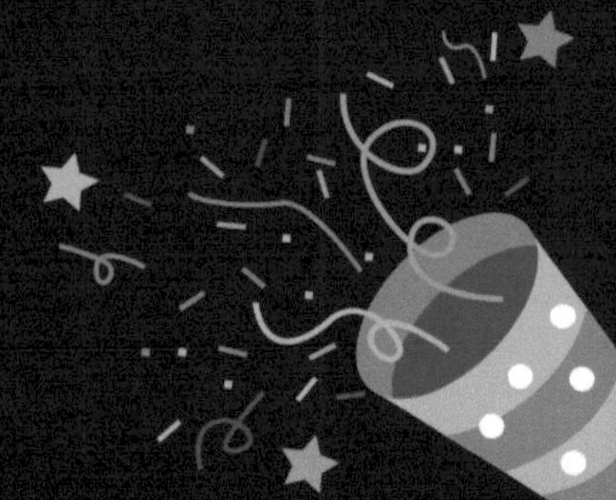

Mâche ça

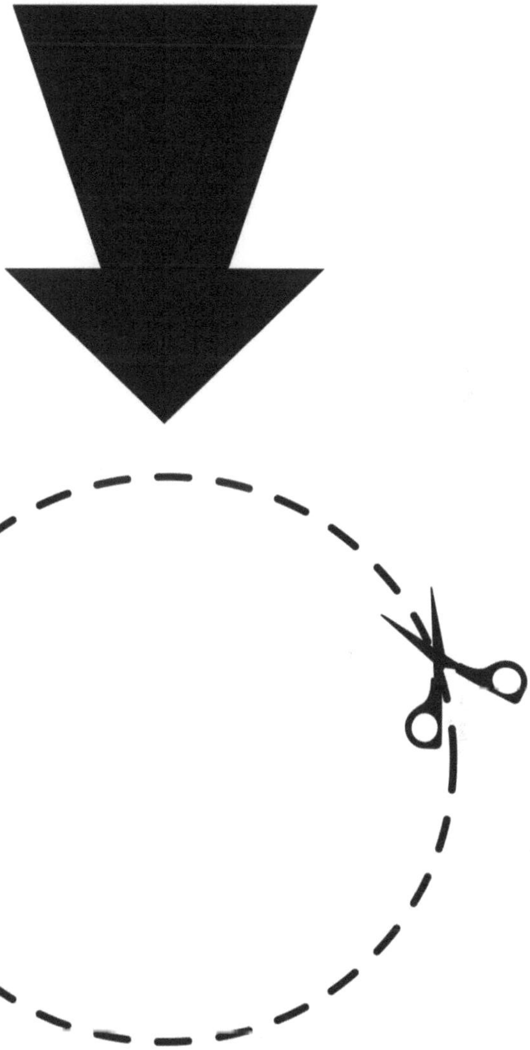

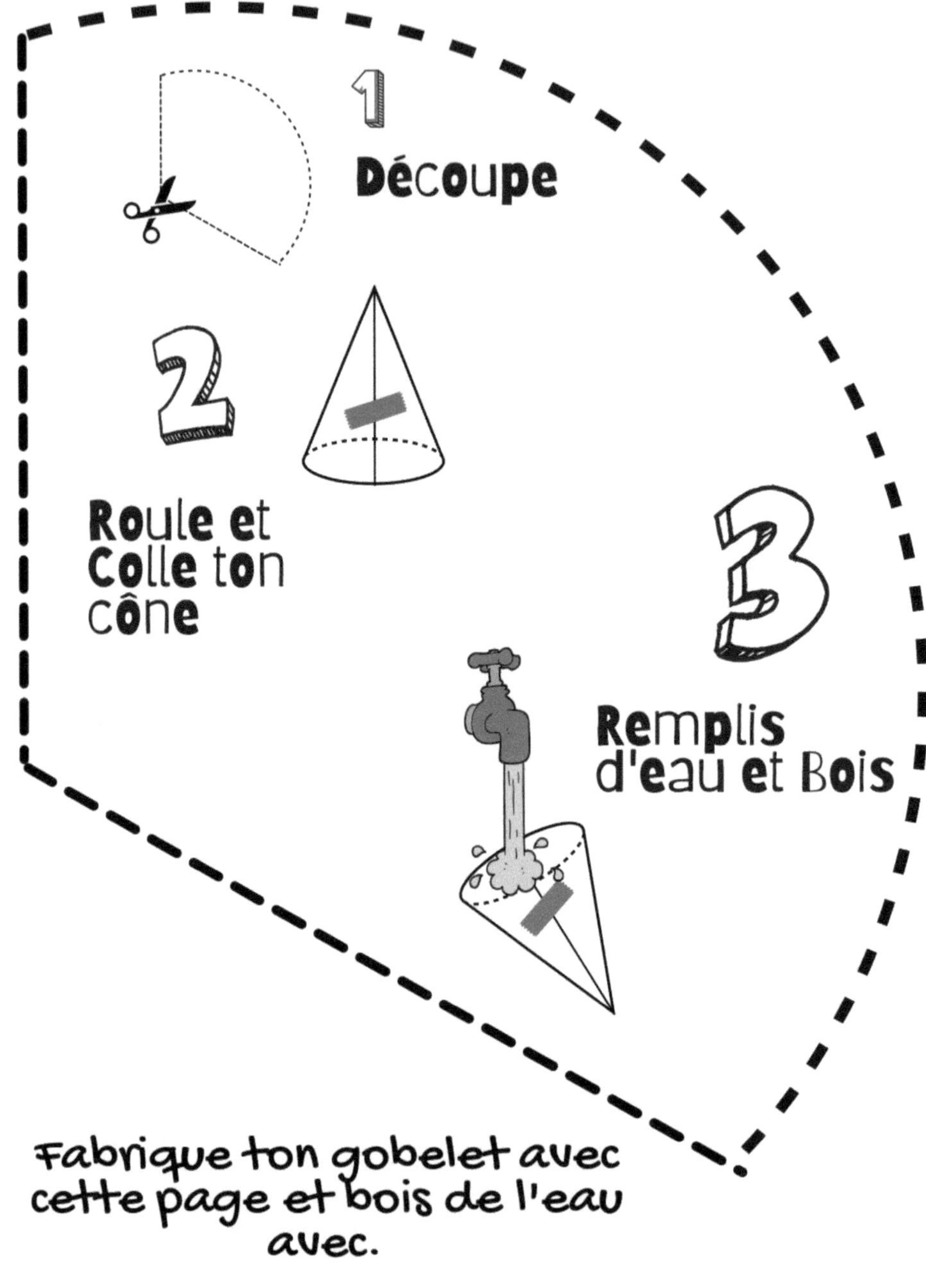
1
Découpe
2
Roule et
Colle ton
cône
3
Remplis
d'eau et Bois
Fabrique ton gobelet avec
cette page et bois de l'eau
avec.

colle des codes barres :)

Déchire

FRO/SSE

Et une fois que t'as fait ça, bah tu t'arranges pour remettre la page

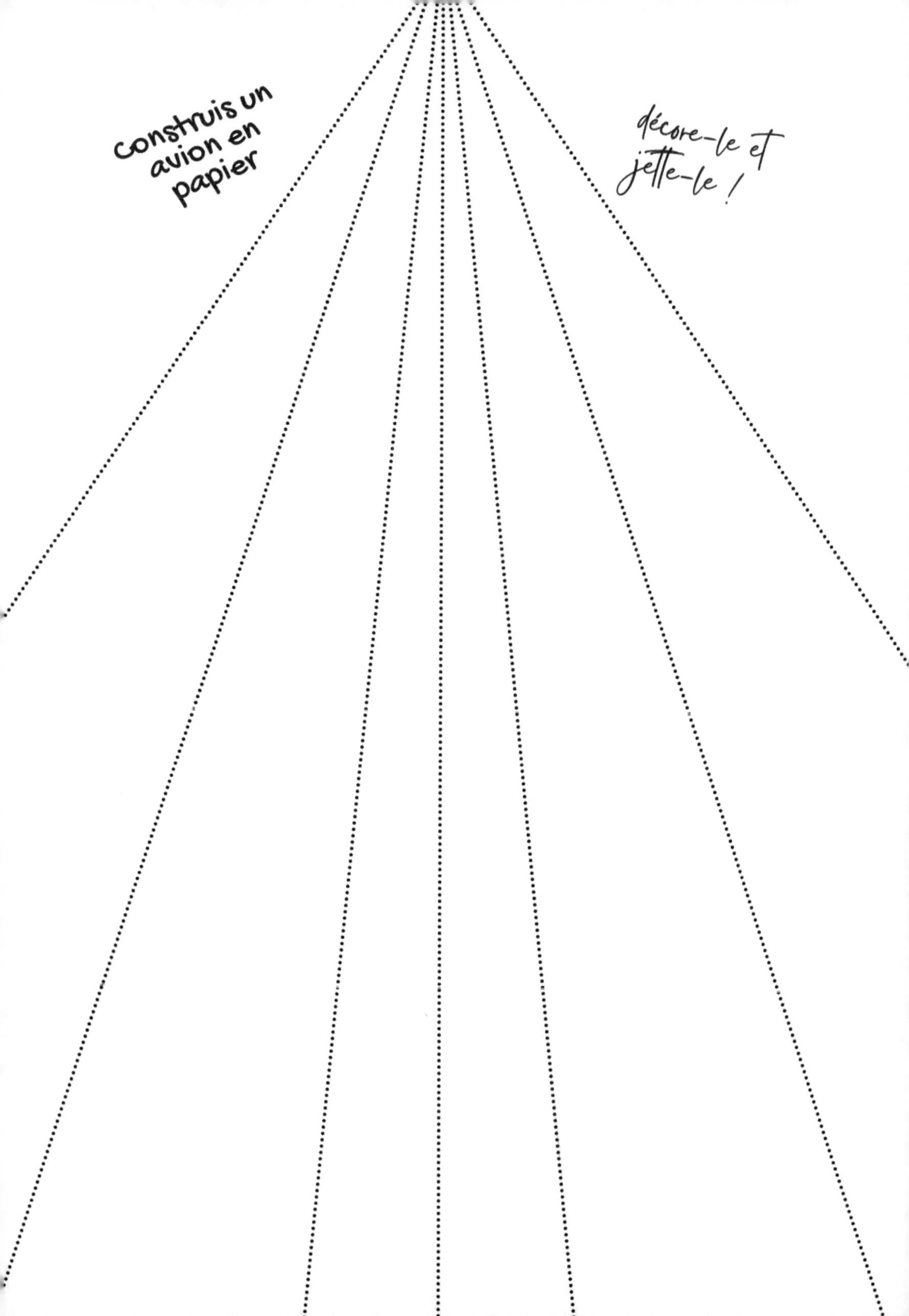
Construis un avion en papier
décore-le et jette-le !

Colle des chewing-gums

Colle des chewing-gums

EMBALLE quelque chose avec cette page

Comme ça

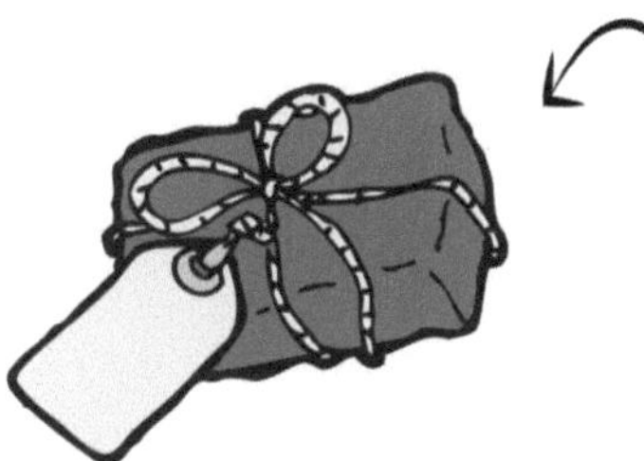

Éclate des ballons et recolle les morceaux sur la page

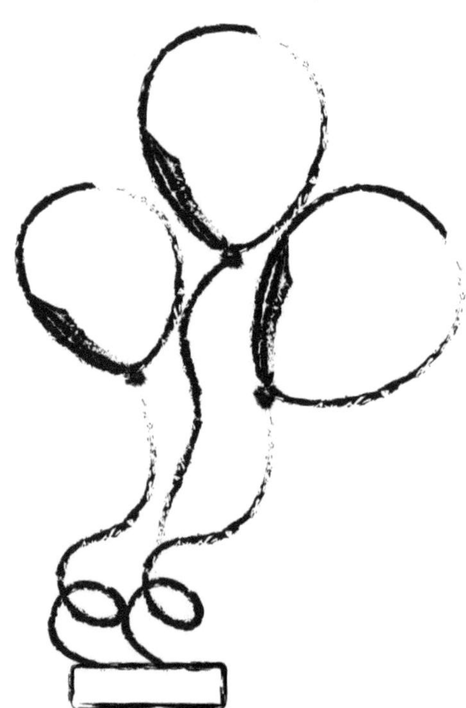

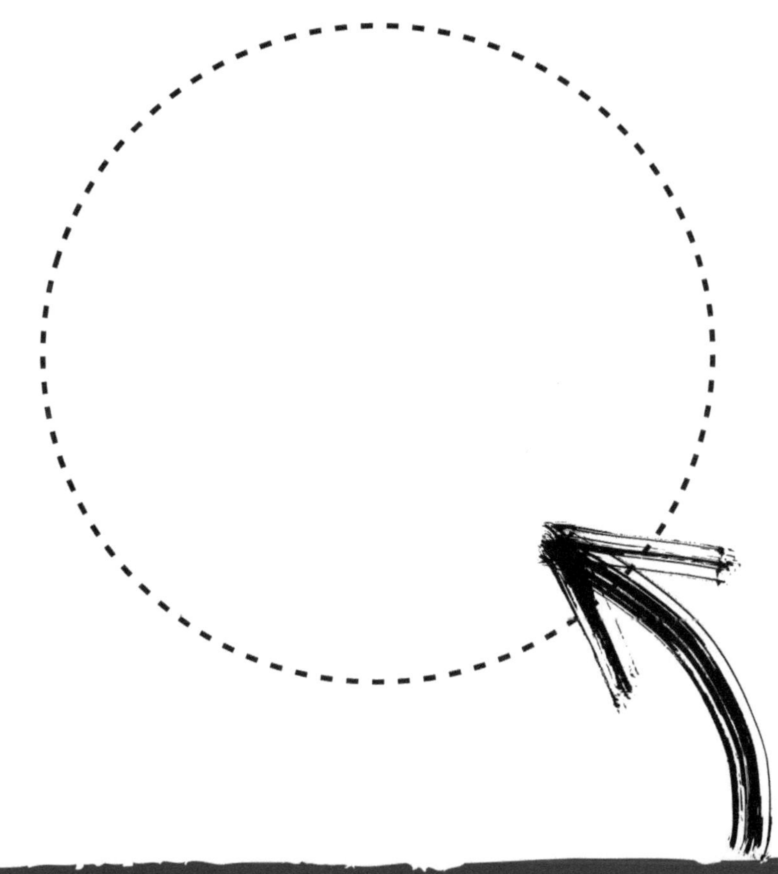

PEINS AVEC TA LANGUE __ICI__

1 __Mange un bonbon coloré,__

2 lèche cette page.

Écris le même mot, encore

et encore, et encore...

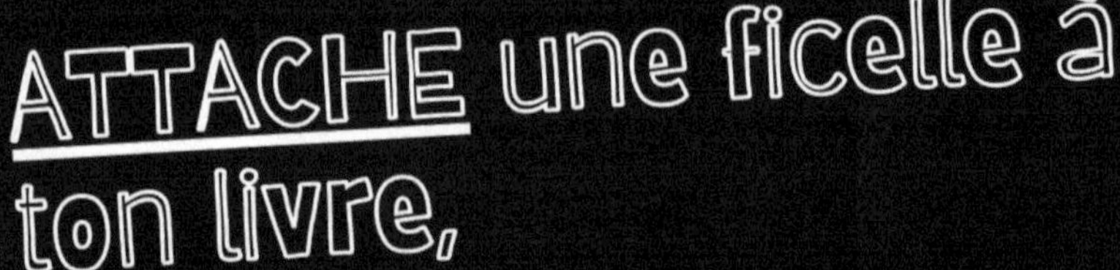

ATTACHE une ficelle à ton livre,

BALANCE-LE VIOLEMMENT

Puis laisse-le rebondir et cogner contre les murs...

NE RIEN ÉCRIRE SUR CETTE PAGE.

RIEN !!!

ATTRAPE CE CARNET

SANS T'AIDER DE TES MAINS

Explique-moi en détails comment t'as réussi :

Pages de souhait

Ces pages sont très importantes.
Il s'agit de coller et de mettre en image tes rêves
et ce que tu souhaites le plus.

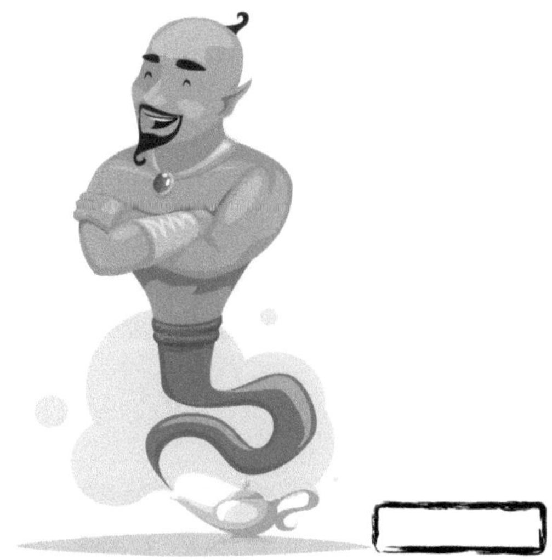

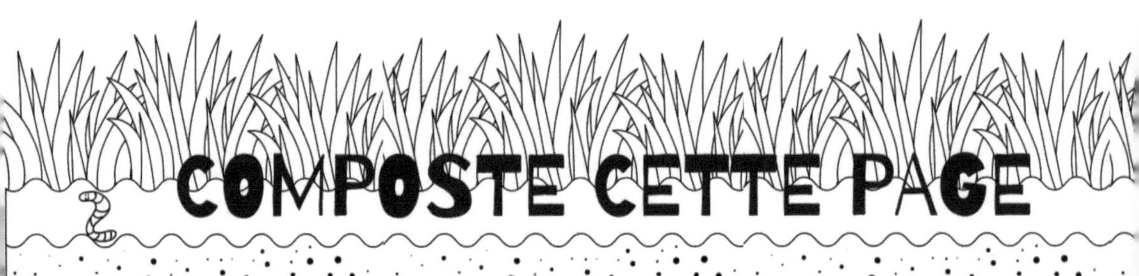
COMPOSTE CETTE PAGE

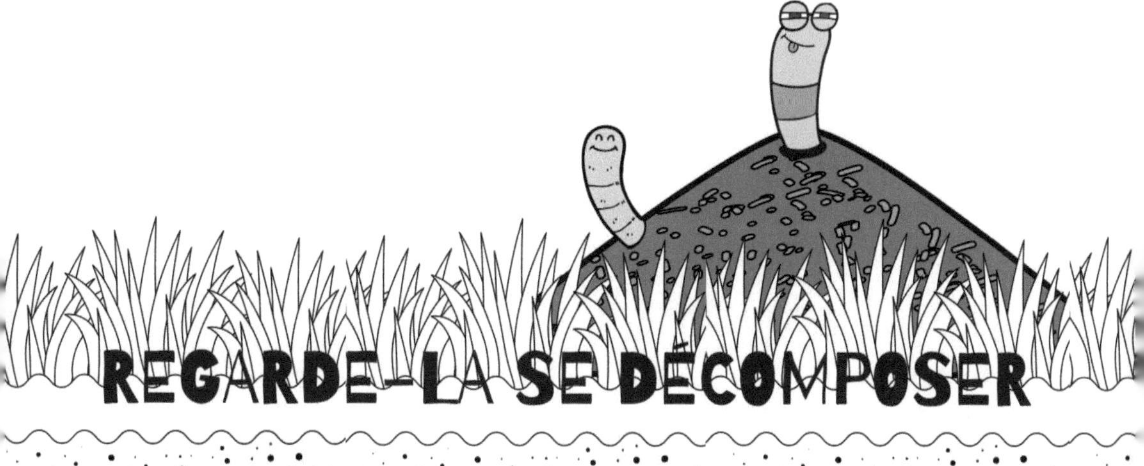

REGARDE-LA SE DÉCOMPOSER

Dessine un **BEAU** bouquet de fleurs, colorie-le et offre-le à la personne de ton choix.

Dessine quelque chose de *moche*

INSPIRE-TOI SURTOUT D'UN SUJET TRÈS LAID

Tu peux coller des papiers de chewing-gums, sucettes ou autres bonbons sur toute la page.

Mets des choses collantes **ICI**

Miel, sirop, sucette, colle, chamallow fondu...

Fais des petites boulettes de papier
toilette et colle-les **ICI**

Partout

Le Carnet "GOLF"

1. Déchire une page et mets-la en boule 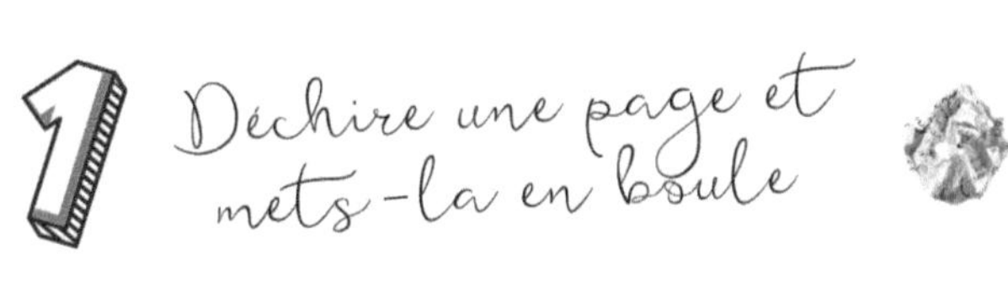

2. Pose le carnet par terre en formant un triangle (ou un tunnel)

3. Frappe ta boulette et fais-la passer sous le tunnel

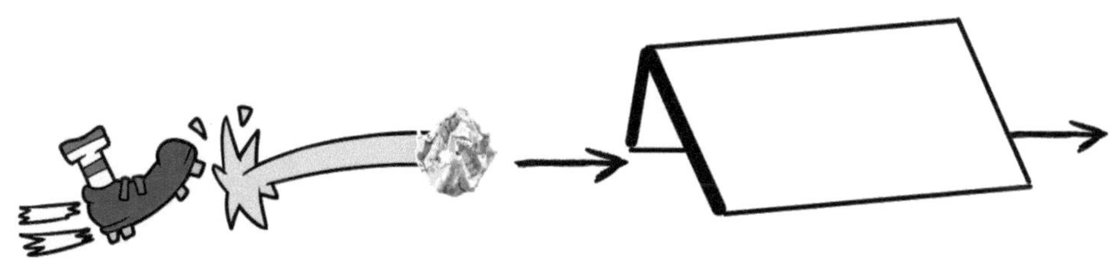

Imagine tes propres émoticônes

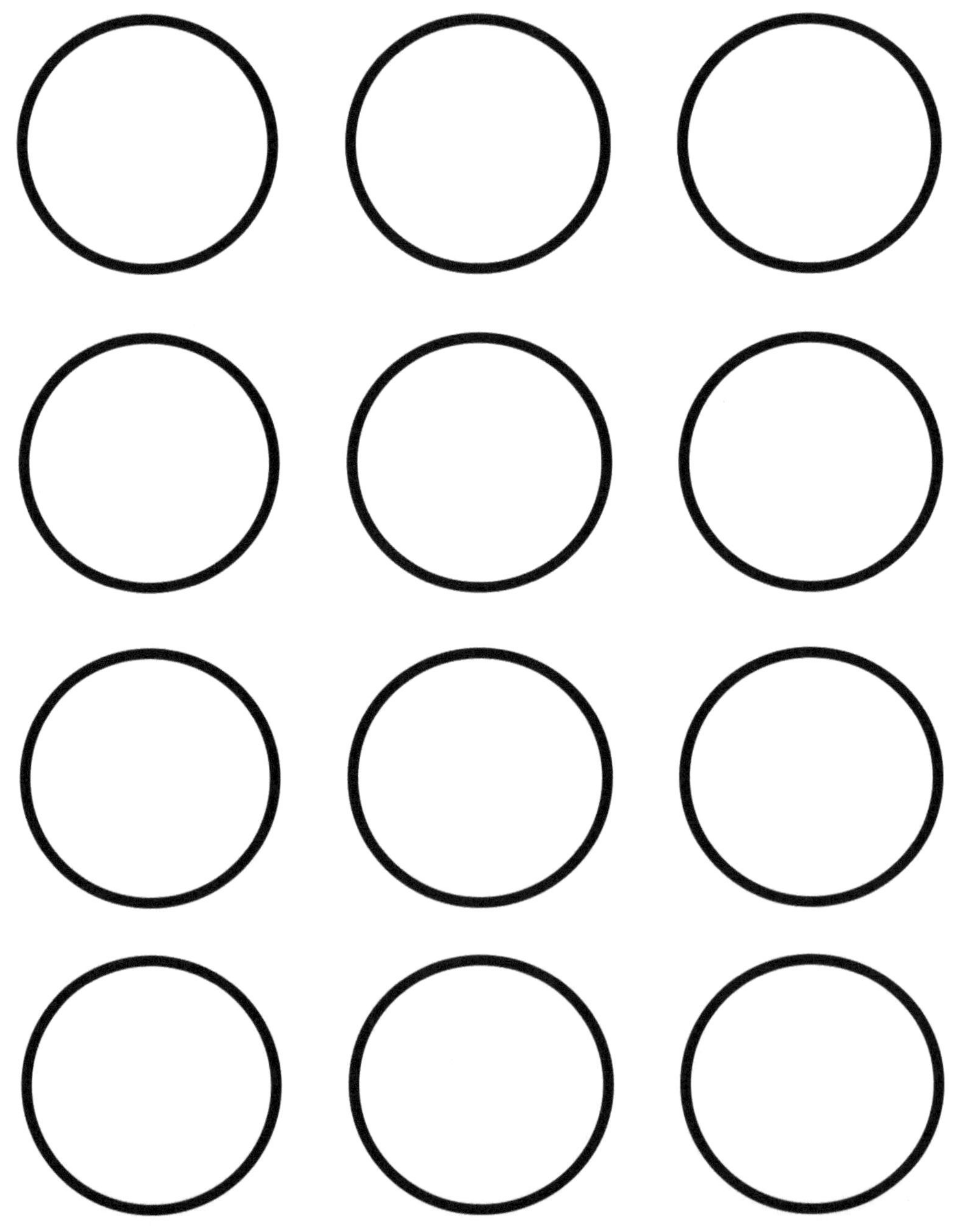

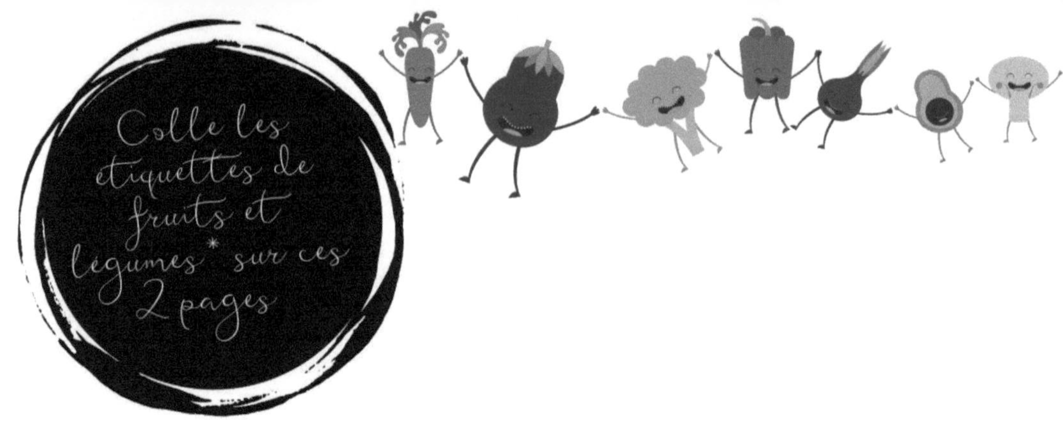

Colle les
étiquettes de
fruits et
légumes* sur ces
2 pages

*Colle les étiquettes de fruits et légumes que tu as **achetés**

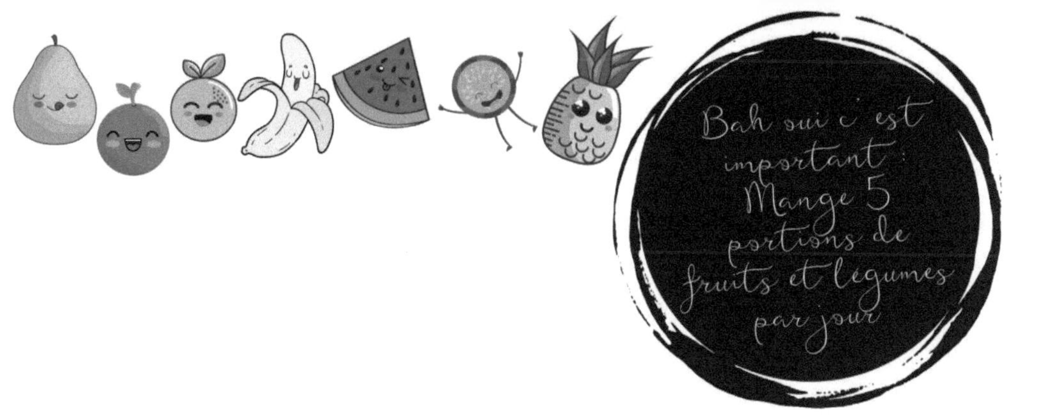
Bah oui c'est important :
Mange 5 portions de fruits et légumes par jour

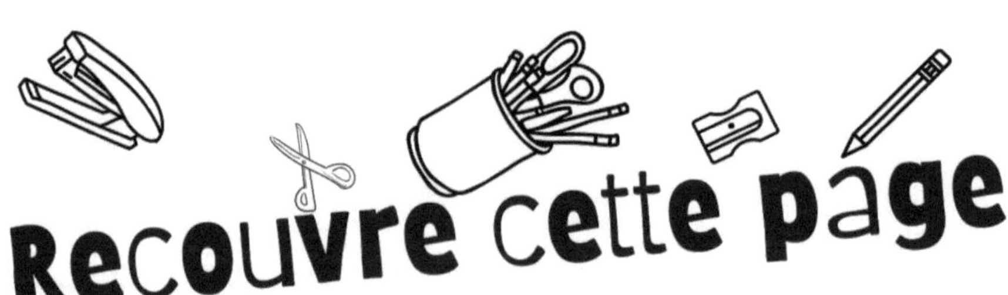

Recouvre cette page

uniquement avec des
fournitures de bureau

Prends un stylo et dessines-en les contours

À L'AIDE DE TES DOIGTS, BADIGEONNE
UN PEU
CETTE PAGE DE TON GEL DOUCHE ET DE TON SHAMPOING.

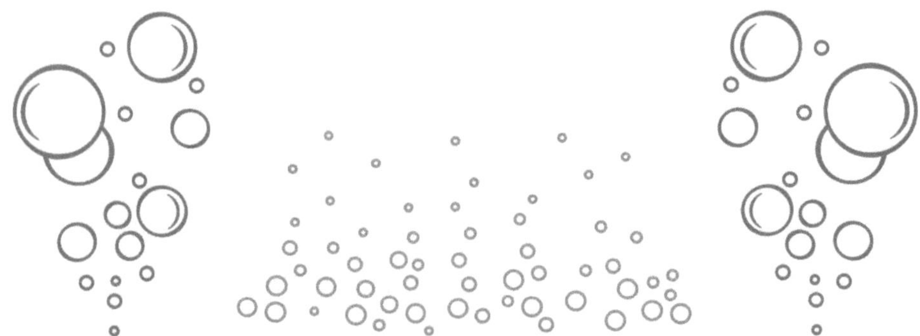

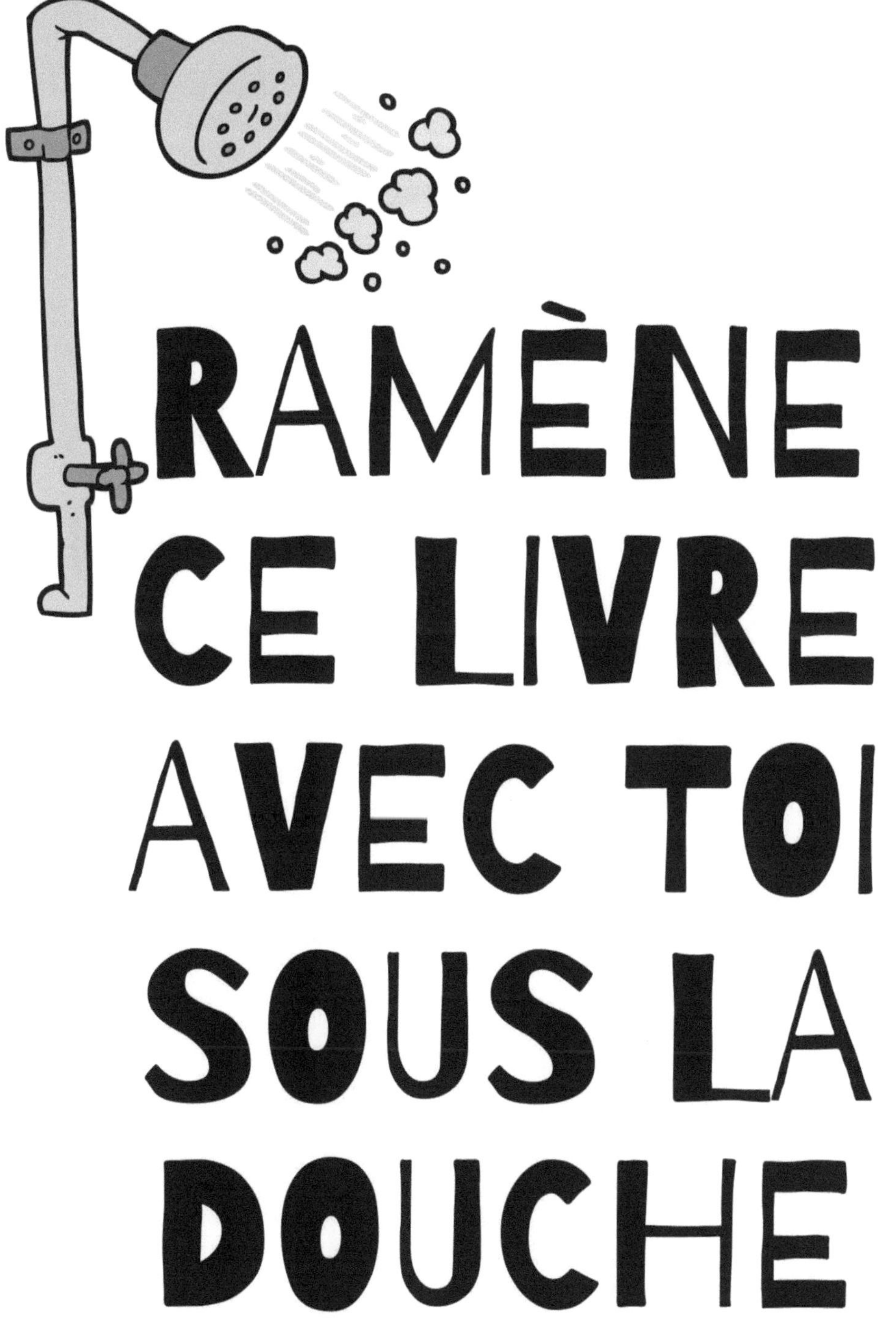

RAMÈNE CE LIVRE AVEC TOI SOUS LA DOUCHE

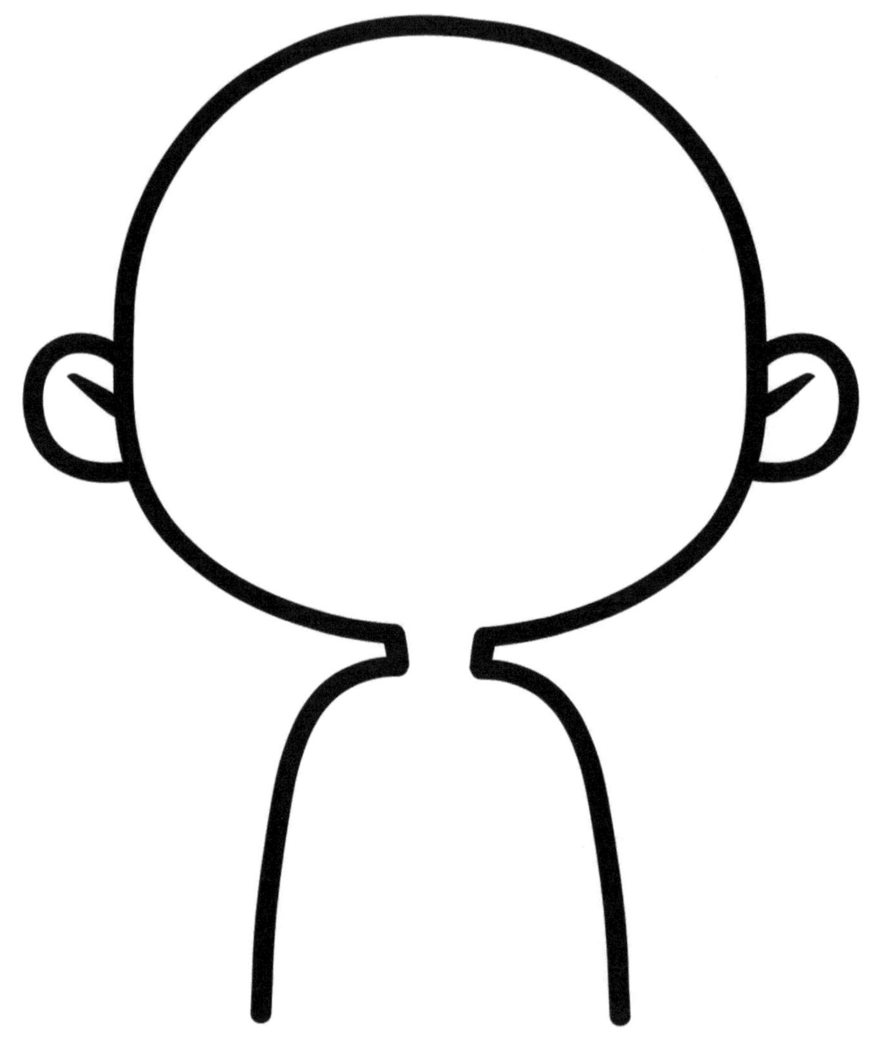

Imagine le visage de **RICK**. Tu peux aussi lui mettre des cheveux, des vrais !!!

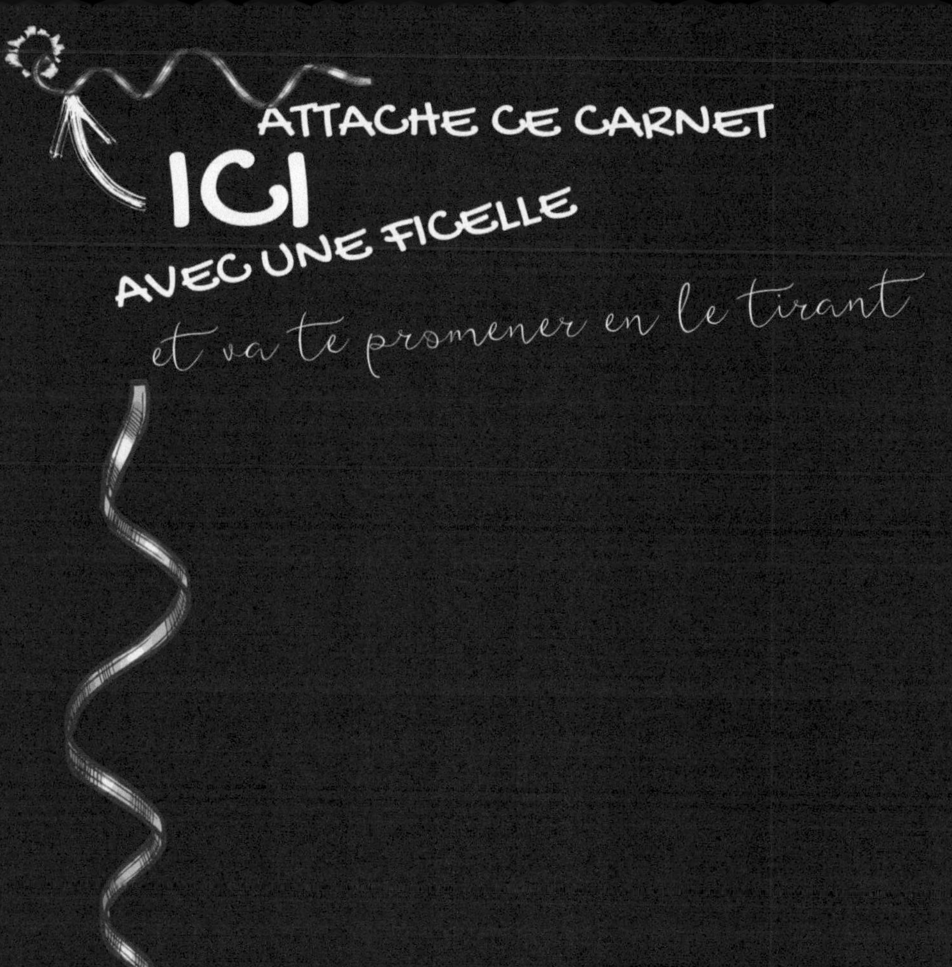

ATTACHE CE CARNET ICI AVEC UNE FICELLE
et va te promener en le tirant
Le top serait de pouvoir tourner les pages et en plus ça te ferait un marque page

FROTTE CES PAGES AVEC DE LA TERRE

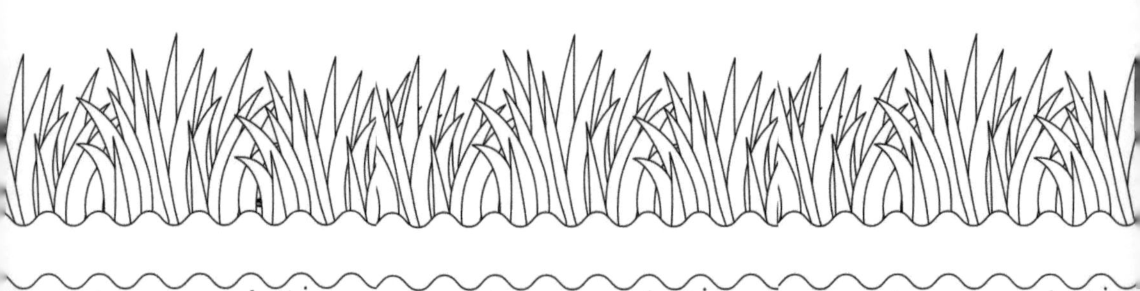

et de L'HERBE

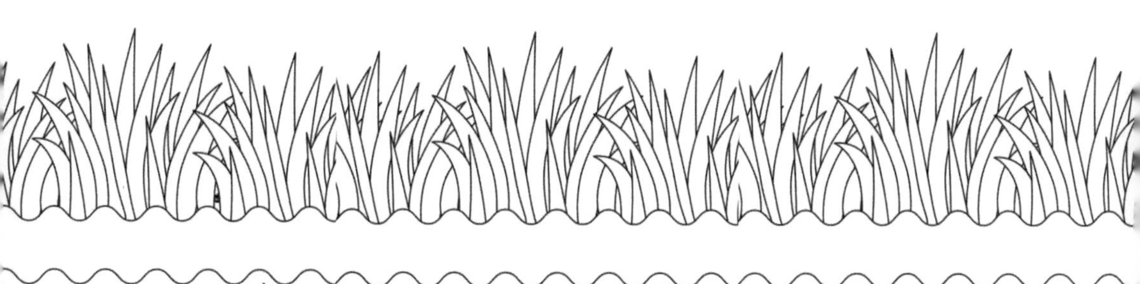

Ceci est de L'ART

DESSINE AVEC DU KETCHUP

Ceci est aussi
de
L'ART

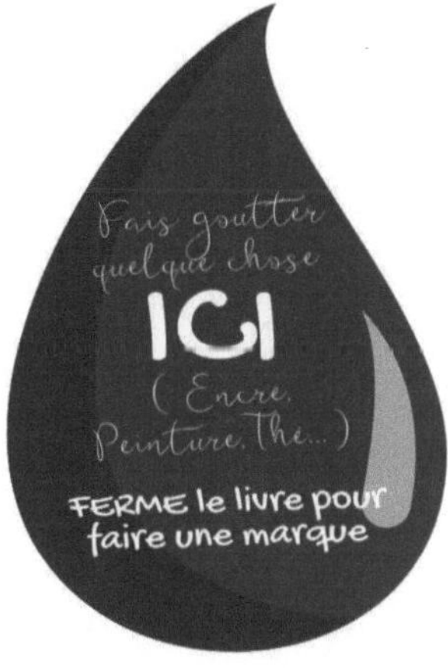

Colle plein de rubans pour faire des paquets cadeaux * **BOLDUC**

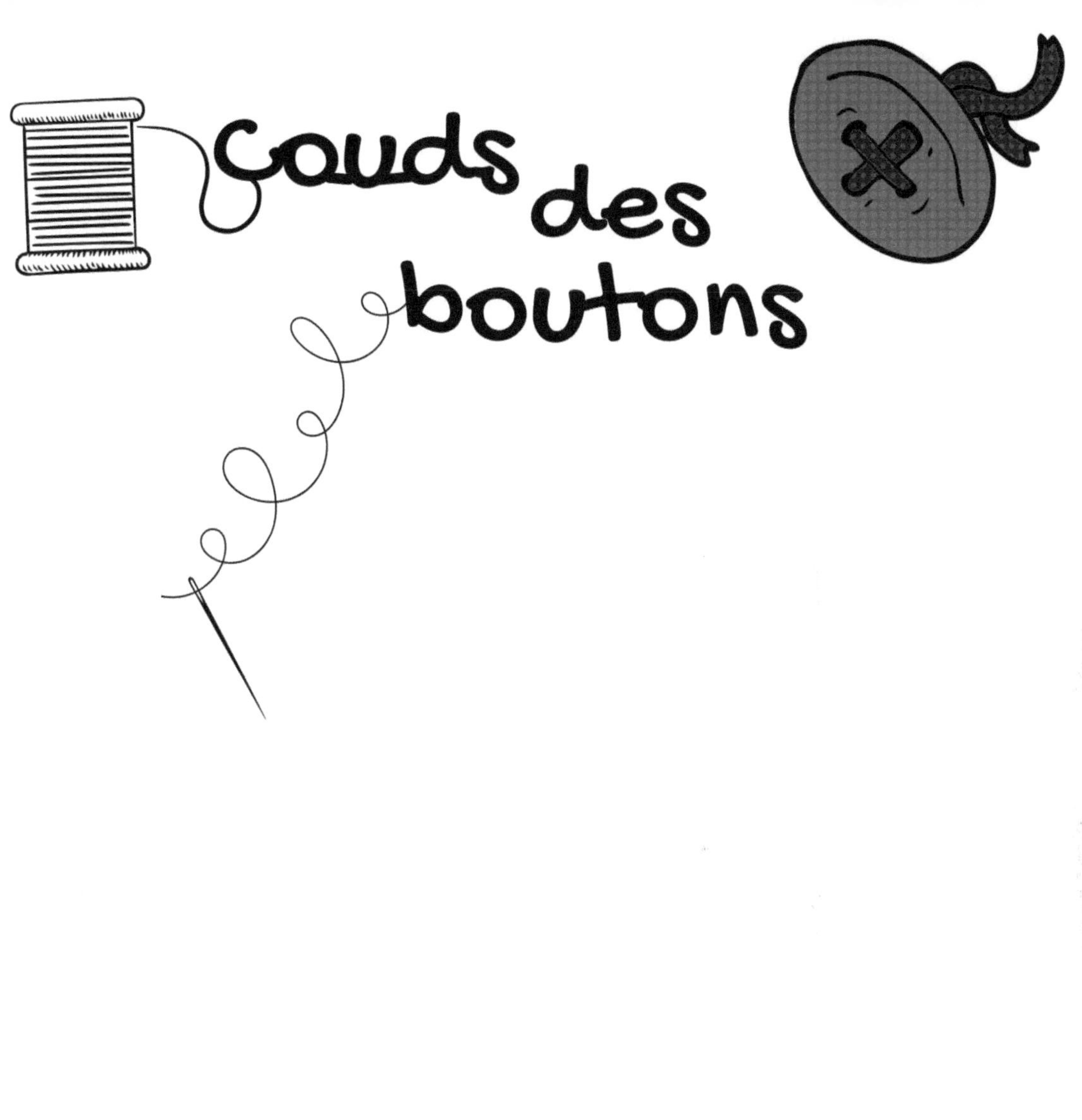

Couds des boutons

Colle ici des pages prises au hasard
dans ton journal local

Une fois les pages collées, entoure la première lettre de ton prénom
à chaque fois qu'elle apparait.

To do list

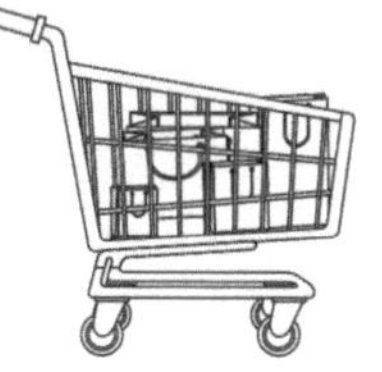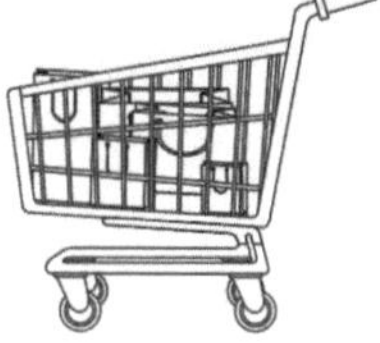

Ta liste de courses

n'oublie pas les 5 portions de fruits et légumes par jour

APPROVED

Découpe et colle tous les timbres de ton courrier

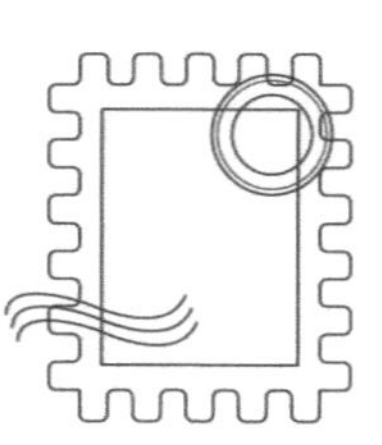

DESSINE ET PERSONNALISE :

- [ ] La couverture

- [ ] La page du Titre

- [ ] La page du Manuel d'utilisation

- [ ] La première page vierge

Tu peux aussi corner et plier toutes les pages que tu préfères

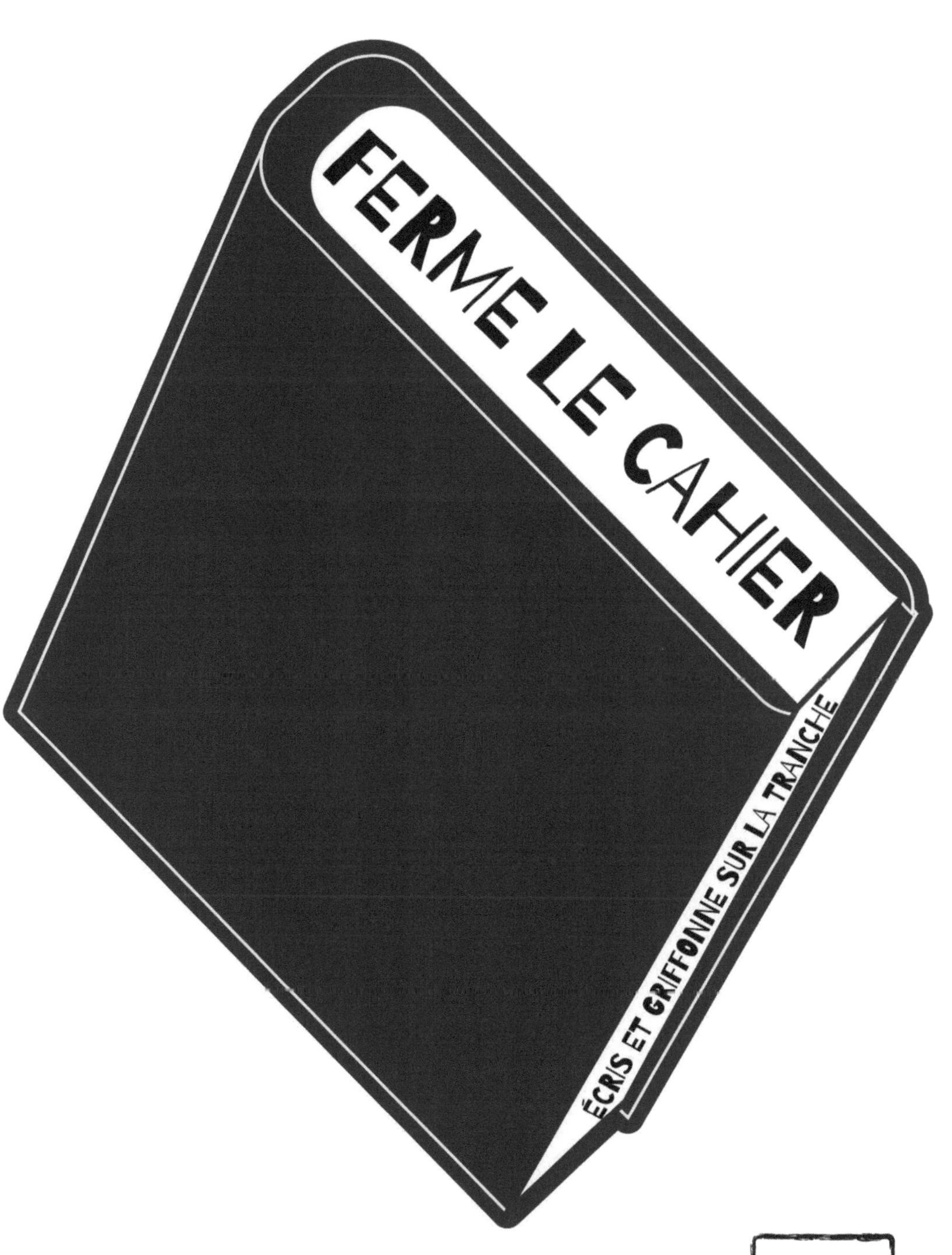

FERME LE CAHIER
ÉCRIS ET GRIFFONNE SUR LA TRANCHE

PAGE RÉSERVÉE AUX PENSÉES POSITIVES

PAGE RÉSERVÉE AUX PENSÉES NÉGATIVES

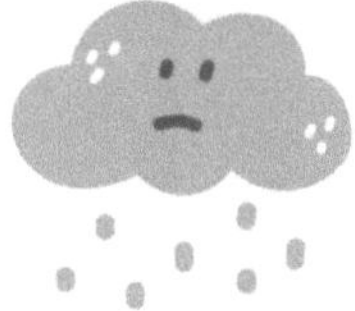

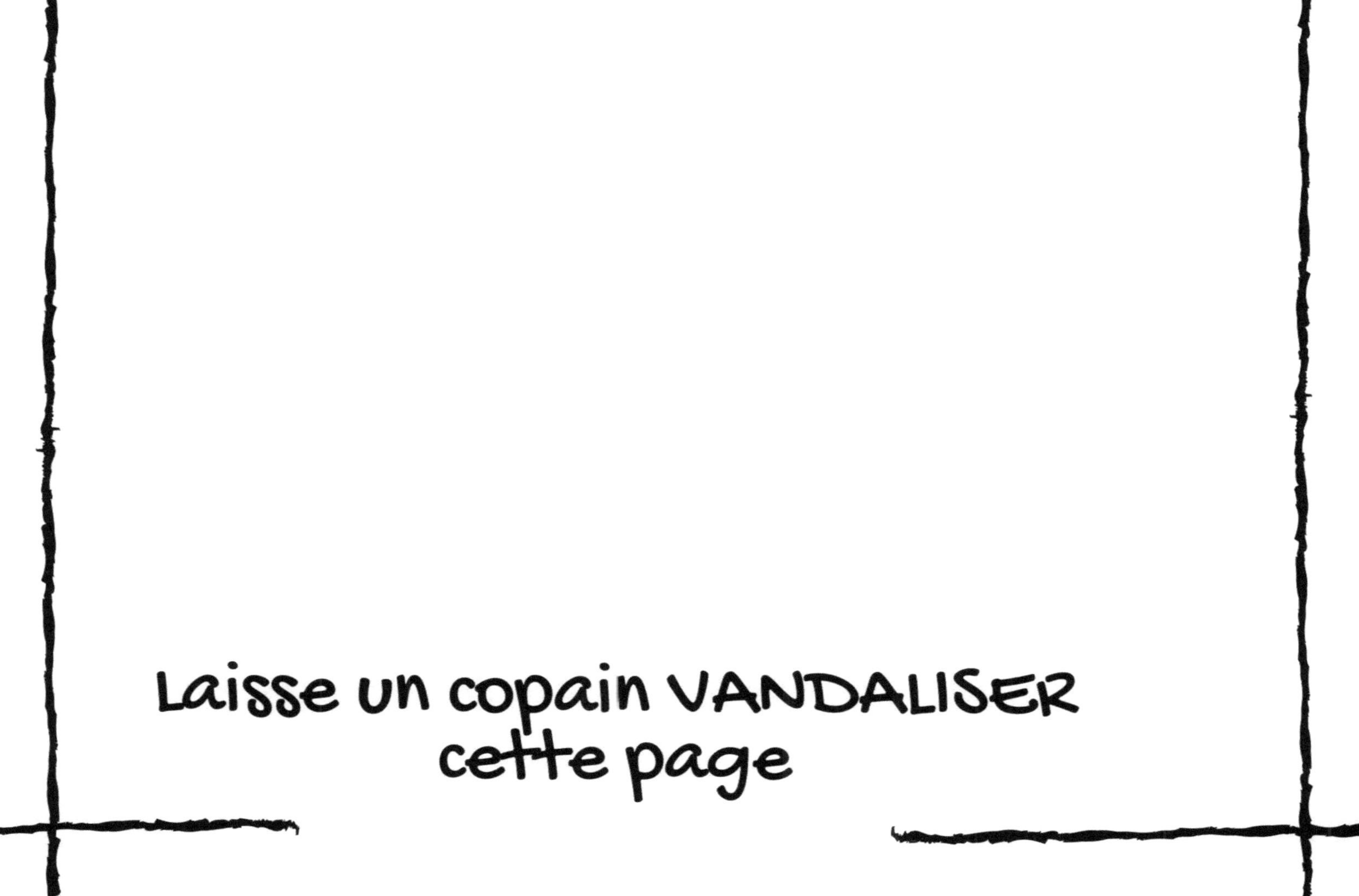
Laisse un copain VANDALISER
cette page

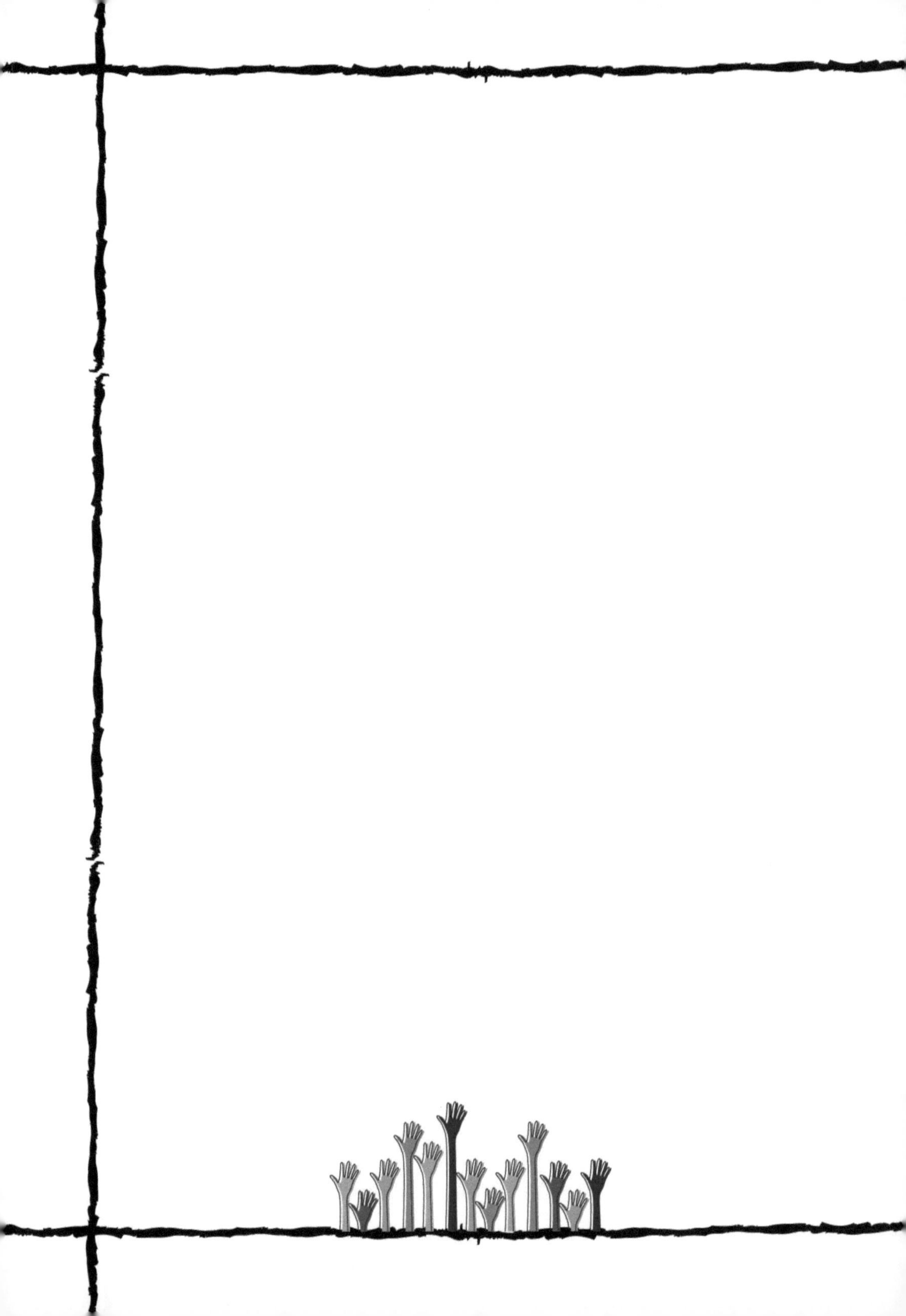

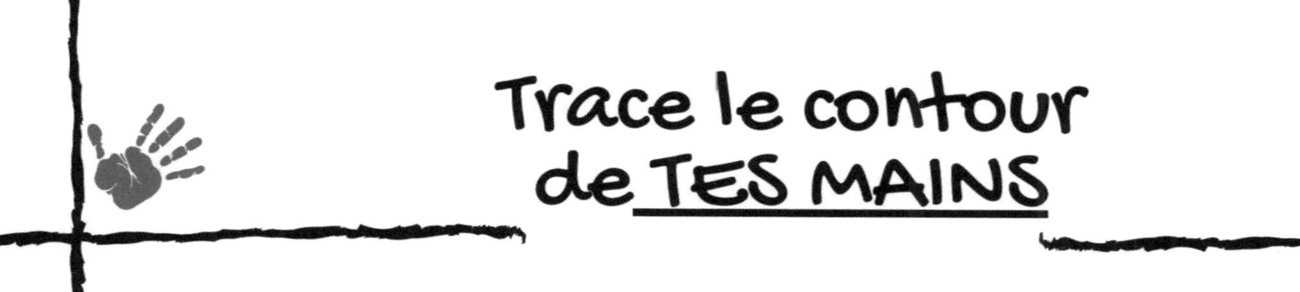

Trace le contour
de TES MAINS

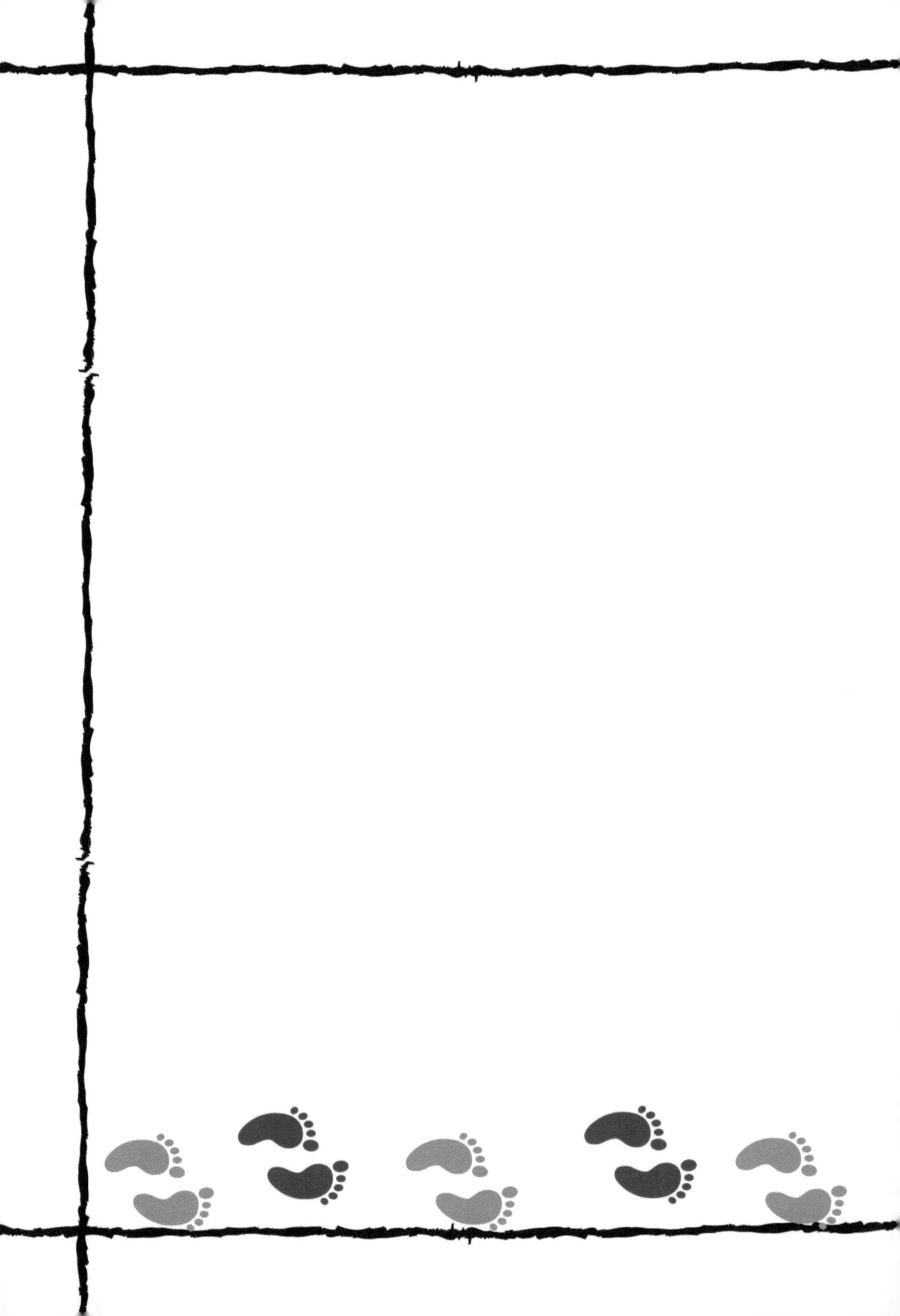

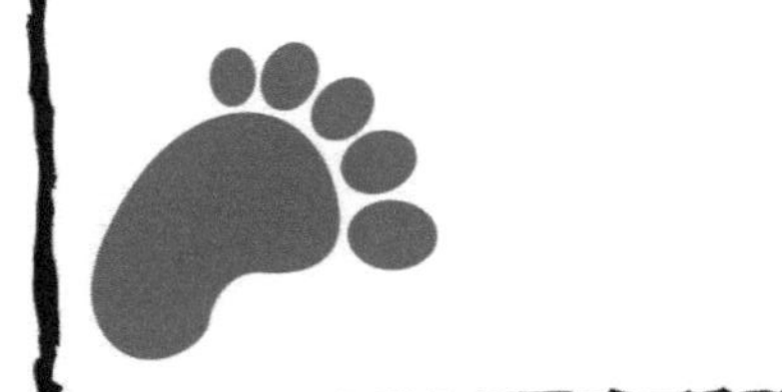

Trace le contour de <u>TES PIED</u>

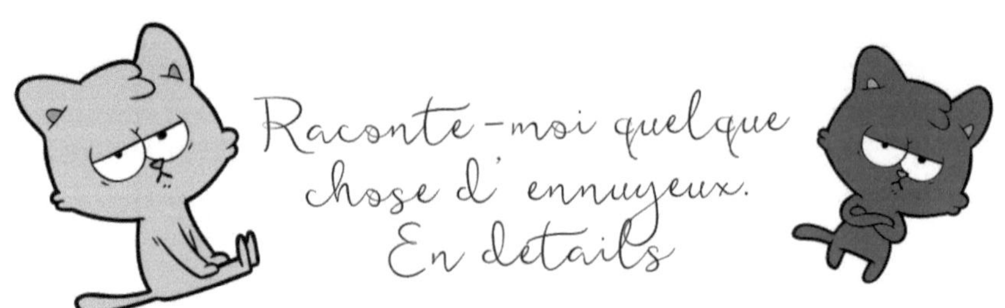

Raconte-moi quelque chose d'ennuyeux.
En détails

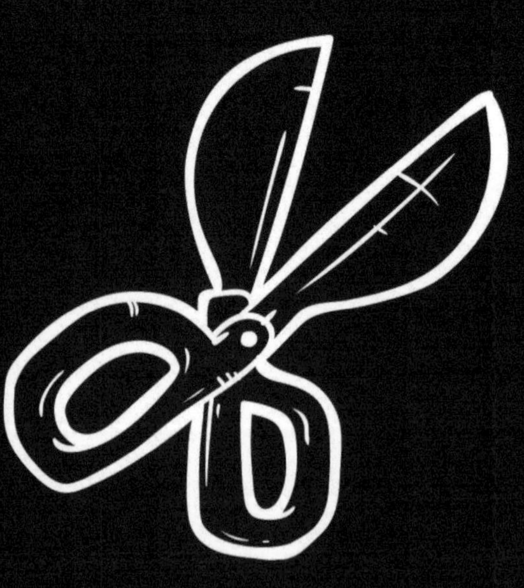

DÉCOUPE
PLUSIEURS
PAGES EN
MÊME
TEMPS

Mets-toi du rouge à lèvres (ou autre chose) et embrasse ton livre. Chaque BISOUS pourra être d'une couleur différente.

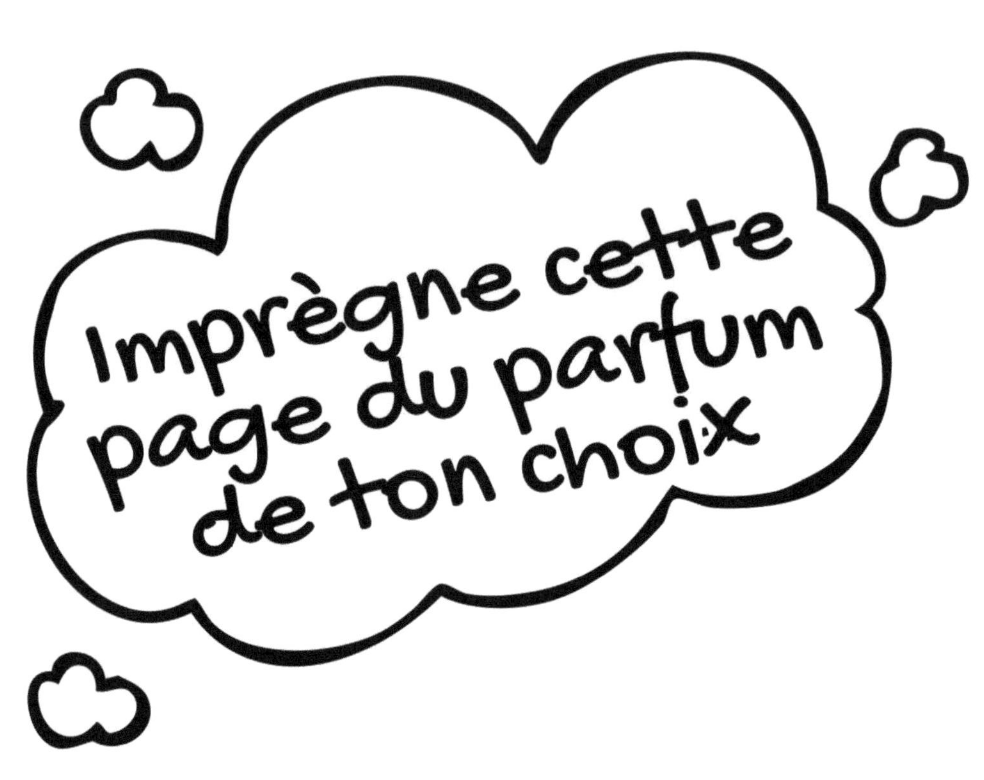

Imprègne cette
page du parfum
de ton choix

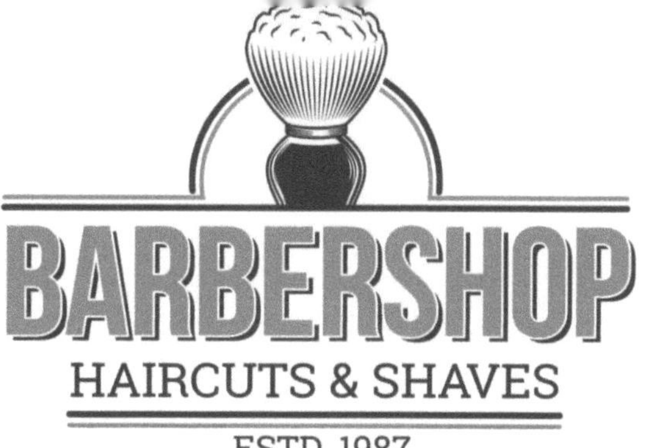

Étale de la mousse à raser partout sur cette page

TROUVE UN MOYEN DE CONGELER CETTE PAGE

Colorie un peu, ça fait du bien !

Crée Ton Pixel Art

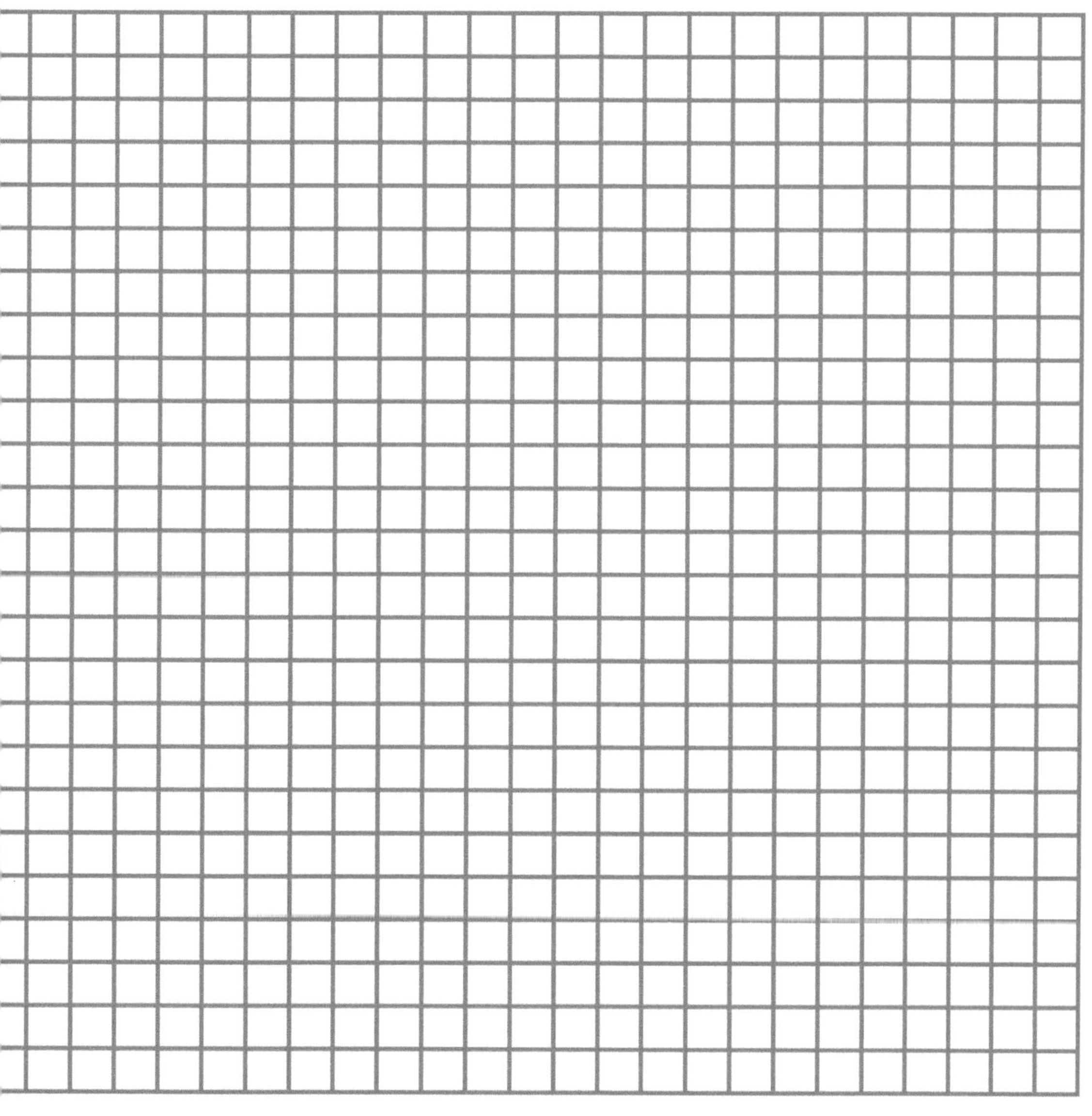

Écris quelque chose avec des lettres
découpées dans un journal ou un
magazine.

COLLE TA PHOTO ICI

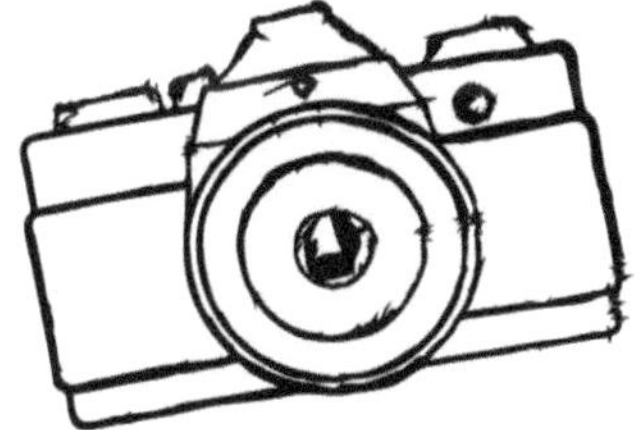

Prends une photo de toi que tu détestes et défigure-la

ÉCRIS OU DESSINE

DE LA MAIN GAUCHE

si tu es Droitier

JEU DU TRAIT SANS FIN

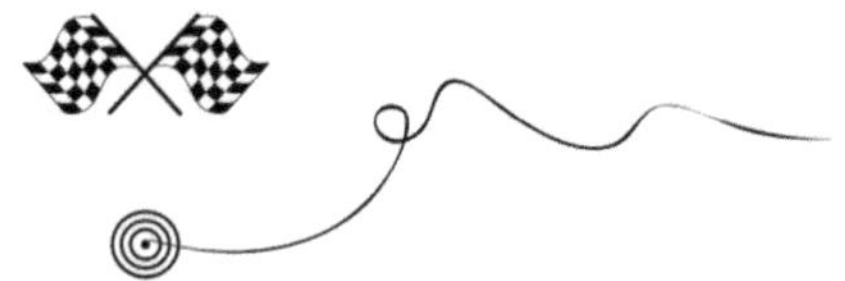

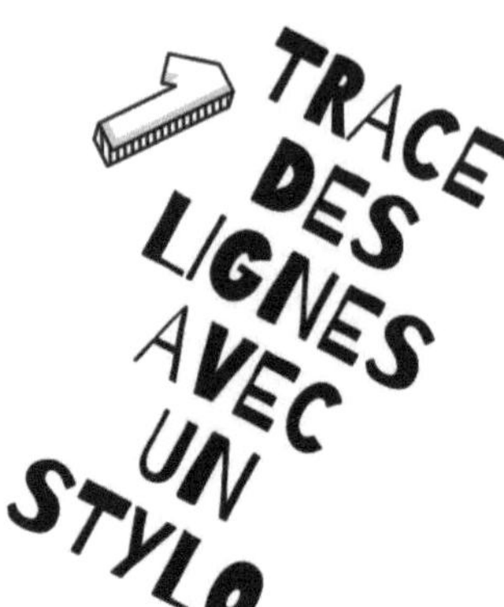

TRACE DES LIGNES AVEC UN STYLO

Ensuite, lèche ton doigt et fais baver les traits

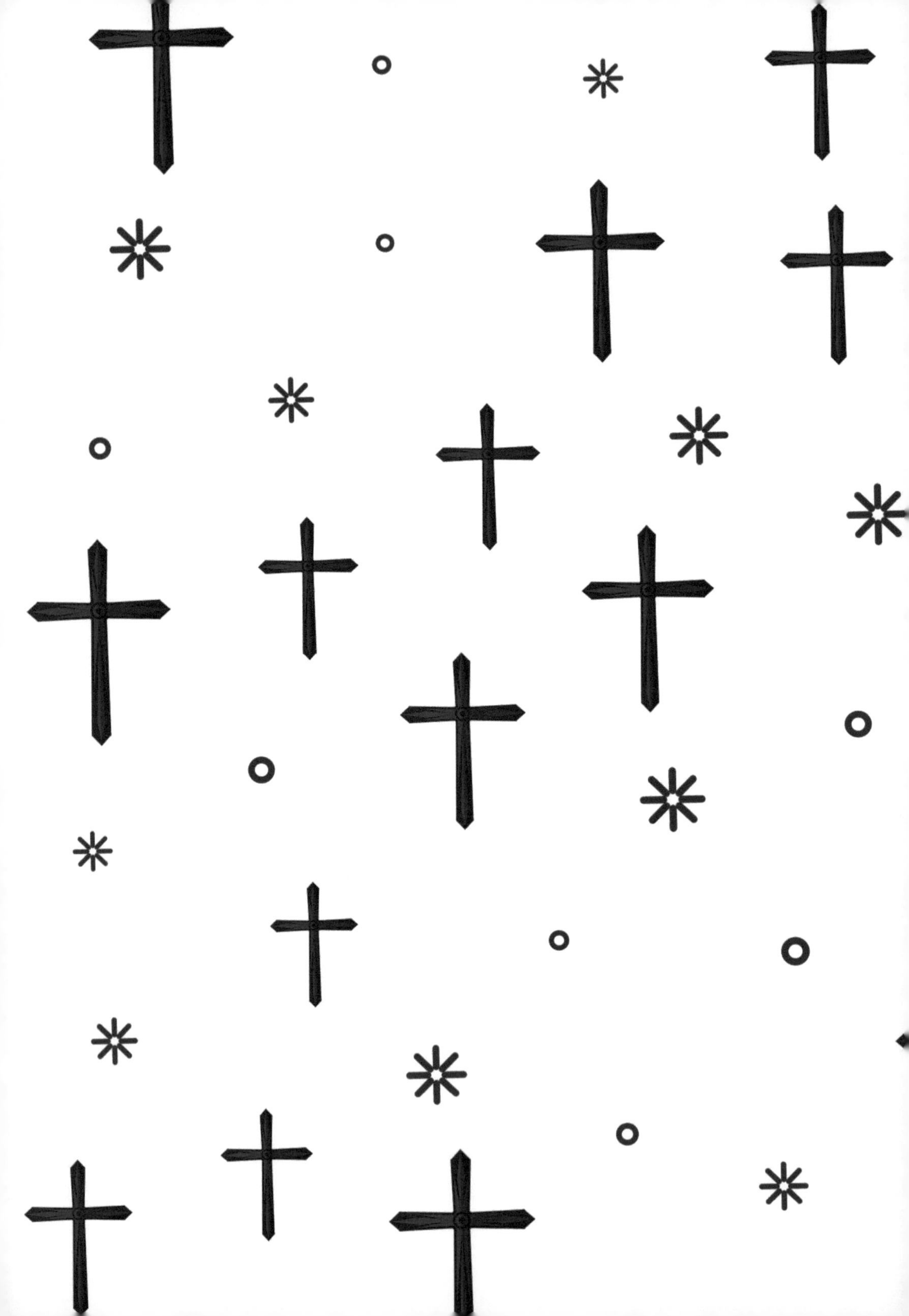

DÉBARRASSE-TOI DE CETTE PAGE ET FAIS-EN TON DEUIL

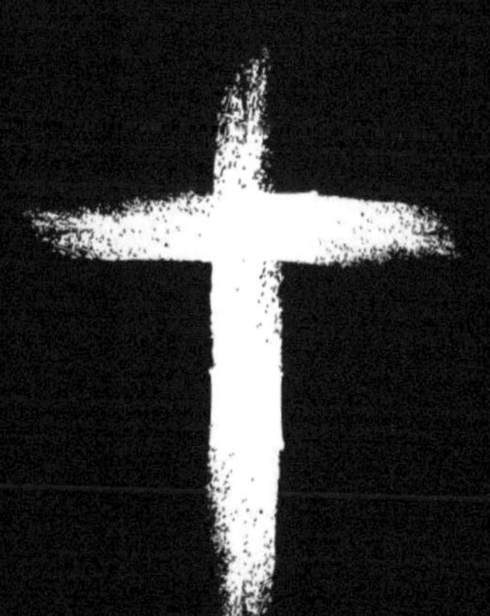

JETTE-LA !!!

RELIE

LES POINTS

ENTRE

EUX

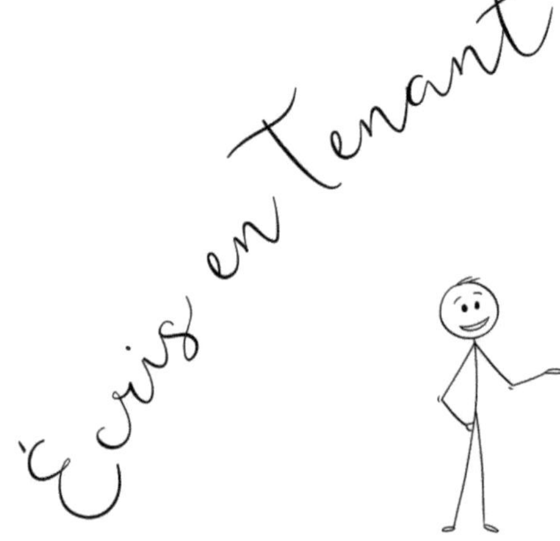
Écris en Tenant

ton Stylo

Avec ta Bouche

offre la **page**
que tu aim**es**
le **p**lus
à Quelqu'un

SREVNE'L À SIRCÈ

Écris la suite . . .

1 . 2 . 3 .

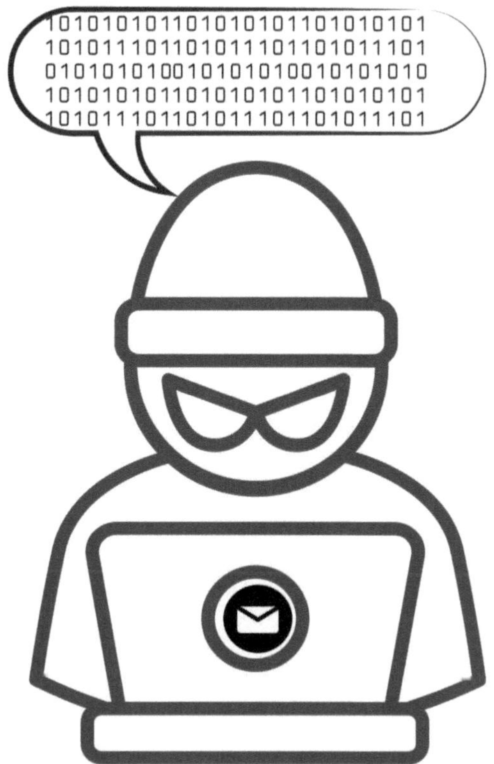

Cache un message secret quelque part dans ce carnet.

Enveloppe le carnet dans une couverture, fais de lui
ton doudou, puis garde-le pour dormir.

(Raconte ton expérience ici)

Les Autres Moyens de Saccager Ton Carnet :

1.

2.

3.

4.

5.

6.

7.

8.

9.

10.

11.

12.

13.

14.

15.

16.

17.

Griffonne sur cette page et dans les marges

Ceci n'est absolument pas un texte à lire, Rick Thims (moi-même) cherche juste à dérouter le lecteur et lui faire croire qu'il est en pleine lecture d'une œuvre principale de philosophie française. Avec un peu de chance, cet extrait une fois griffonné te rappellera peut-être un manuel scolaire ou un livre que tu as lu étant petit et sur lequel tu as colorié des œuvres magnifiques secrètement au feutre. Et d'ailleurs tu t'es peut-être fait punir pour cela.

Mais le devenir d'un manuel scolaire n'est-il pas d'être une œuvre d'art tant il est ennuyeux à lire ? Je te dis donc « Bravo l'artiste ! » pour tes prédestinations au graphisme urbain scolaire.

Hé mais tu es encore en train de lire ? Tu ne devrais pas griffonner cet article sans queue ni tête ? Cesse immédiatement de lire car il s'agit peut-être de la dernière fois que tu pourras abimer quelque chose.

Sinon, et si tu ne veux pas griffonner comme je te L'ORDONNE, à la place tu pourras :

décorer ta chambre, préparer un gâteau pour ta famille ou tes amis, faire un coloriage pour adultes, acheter des chaussures, écrire toutes tes pensées dans un carnet, organiser ta bibliothèque ou les livres rangés sur les étagères, déplacer les meubles dans ta maison, faire le ménage dans ta chambre du sol au plafond, écouter un livre audio, chercher la signification de tes rêves — comme par exemple si tu as rêvé que tu perdais tes dents, aller te faire couper les cheveux, tester la méthode de rangement Marie Kondo, faire une promenade en forêt, faire un puzzle. acheter quelque chose dont tu as envie depuis très longtemps, t'entraîner à appliquer la pensée positive, jouer à cache-cache, prendre un bain, mettre à jour ton CV, nettoyer les vitres, vider le lave-vaisselle, couper du bois, aller chercher du pain, faire un massage à quelqu'un que tu aimes, changer l'ampoule des toilettes, écrire à tes grands-parents **(d'ailleurs tu peux leur offrir "Mamie raconte-nous ton histoire" de Donnie et Elisa sur amazon.fr).**

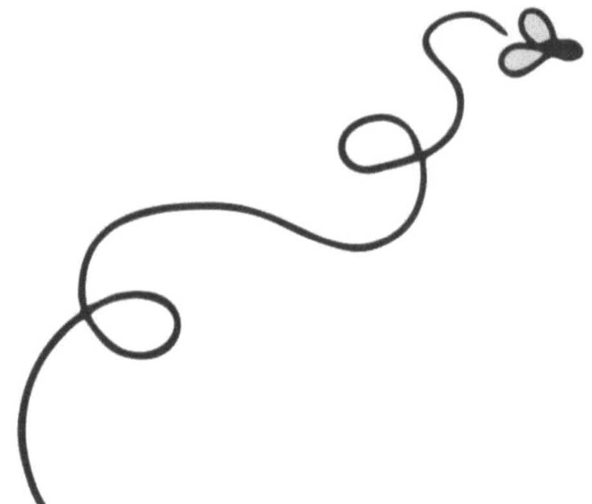
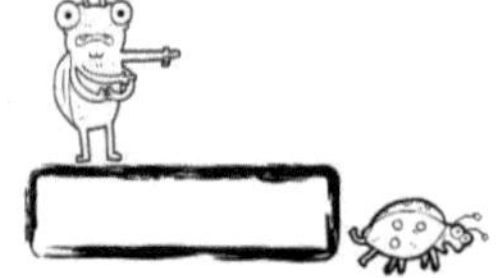
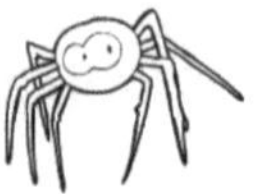

Colle et
collectionne
des insectes et
bébêtes
mortes sur ces
pages

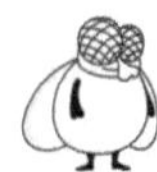

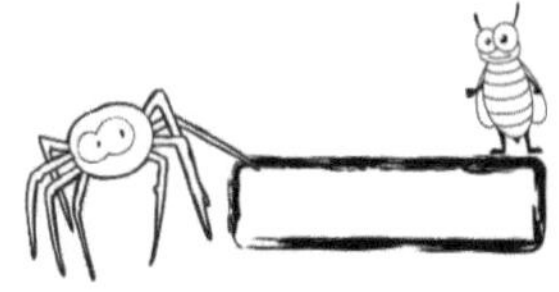

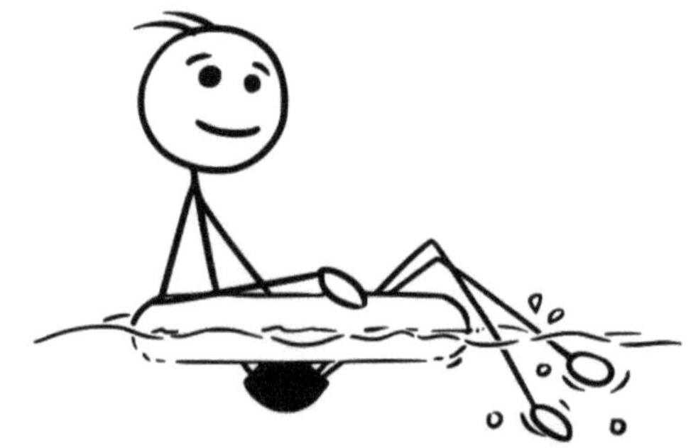

FAIS

FLOTTER

CETTE

PAGE

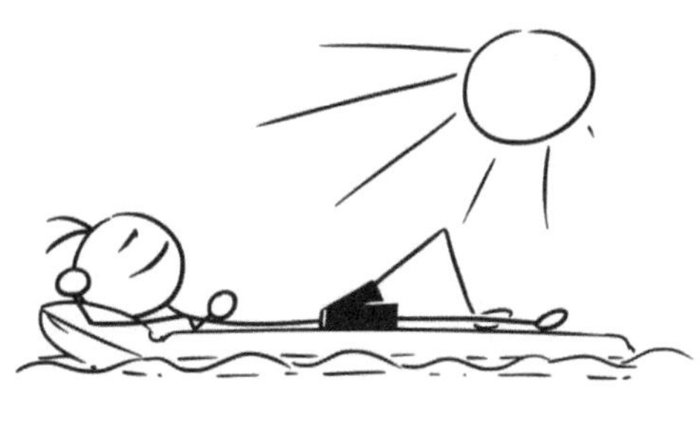

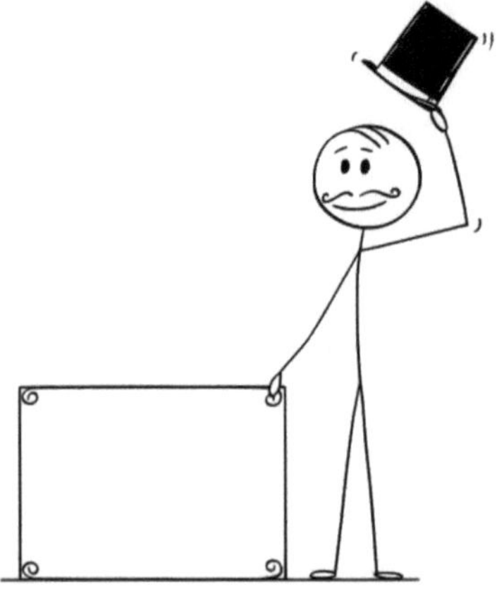

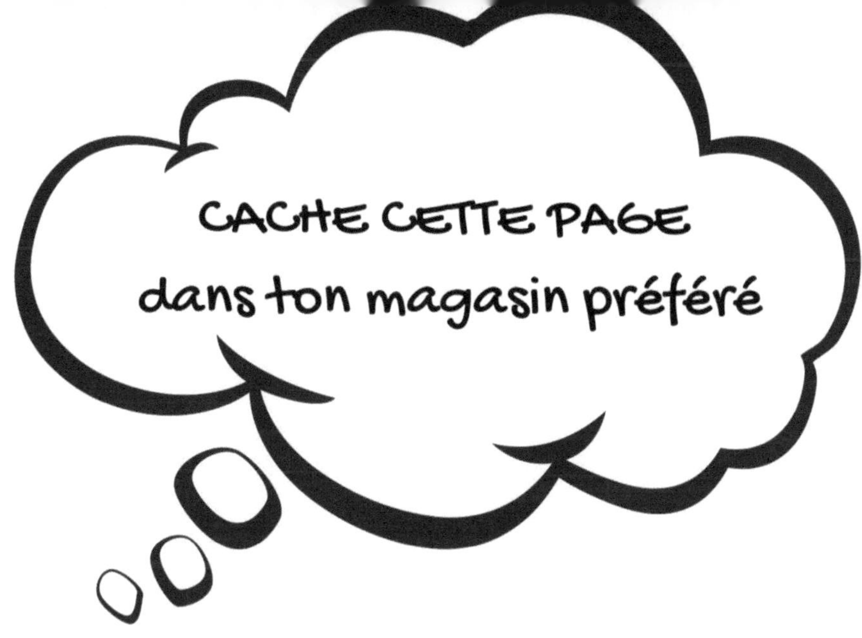

Cette page provient du livre "Saccage et finis ce carnet" par Rick Thims.

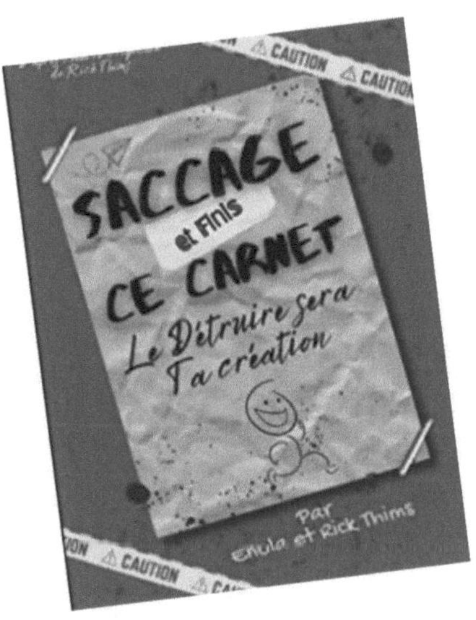

C'est un défi du carnet.

Merci de vous prendre au jeu et de la renvoyer à :

____

____

____

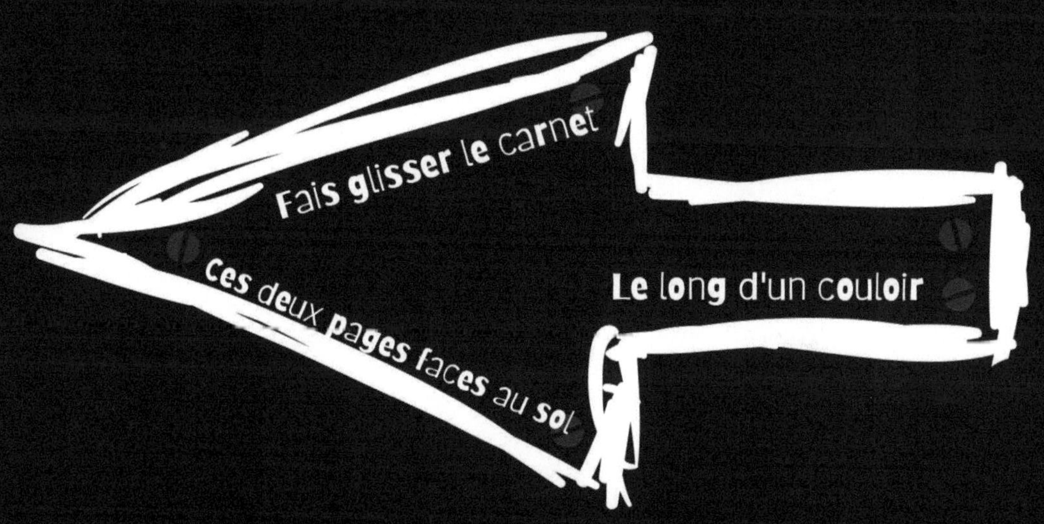

Fais glisser le carnet
Le long d'un couloir
Ces deux pages faces au sol

FROTTE CETTE PAGE

SUR UNE VOITURE SALE

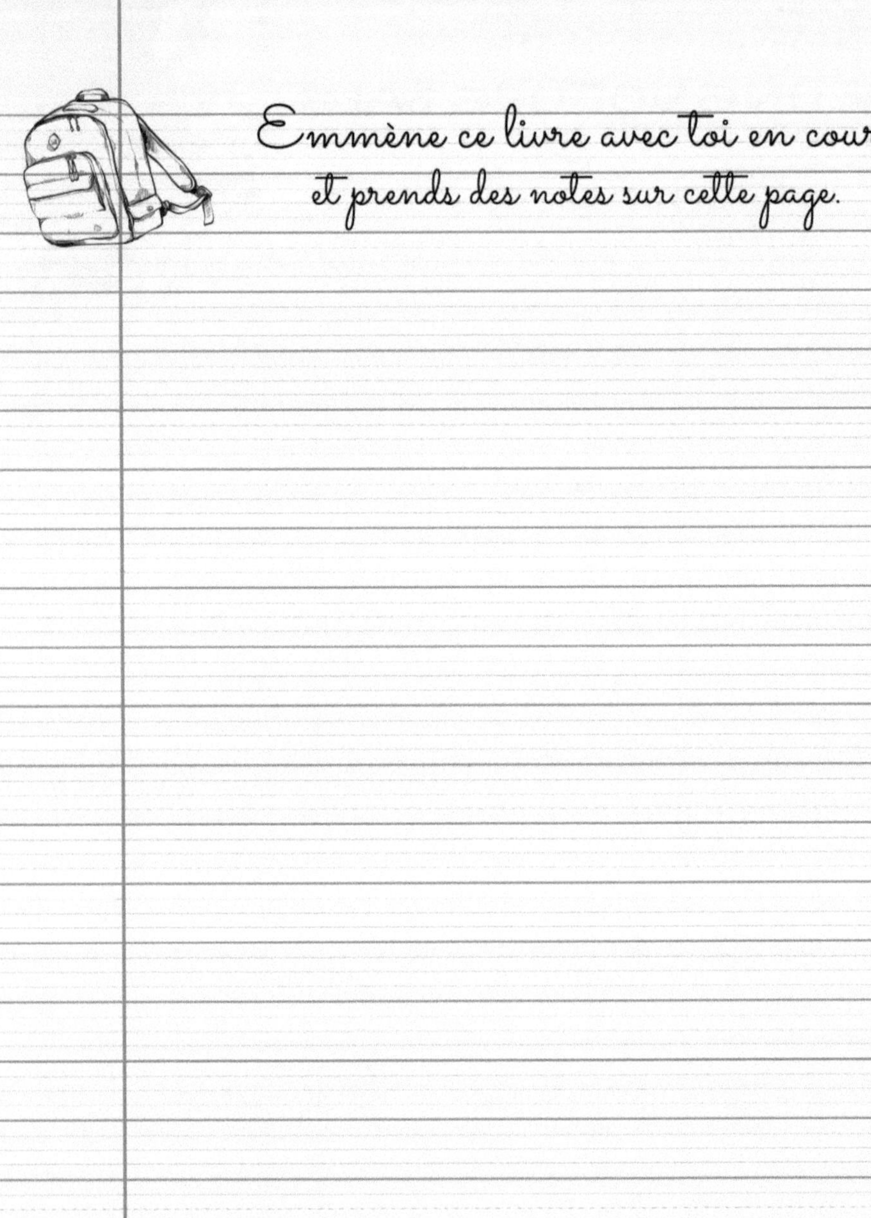

Emmène ce livre avec toi en cours
et prends des notes sur cette page.

Recouvre cette page entièrement de ruban adhésif

EMMÈNE CE LIVRE FAIRE
UN FOOTING AVEC TOI
POUR QU'IL PRENNE L'AIR

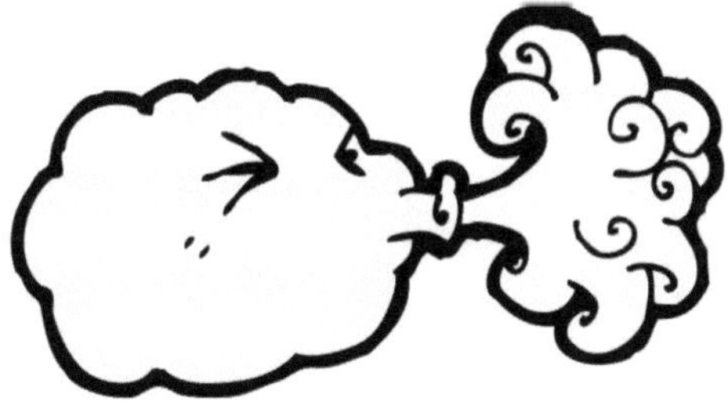

Colle tes crottes de nez sur cette page

Dessine ton animal imaginaire, donne-lui un prénom et colle-lui des poils.

Page réservée aux empreintes de ton animal de compagnie.

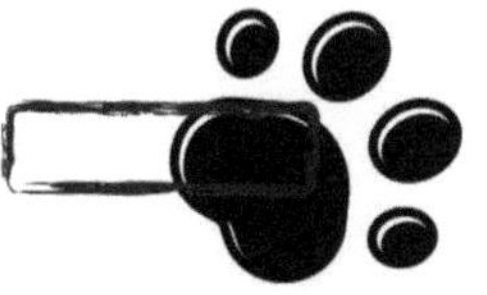

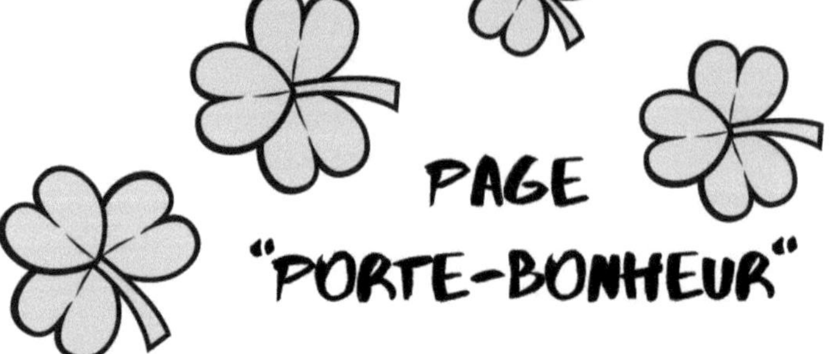

PAGE
"PORTE-BONHEUR"

Cueille des trèfles à quatre feuilles et colle-les sur cette page.

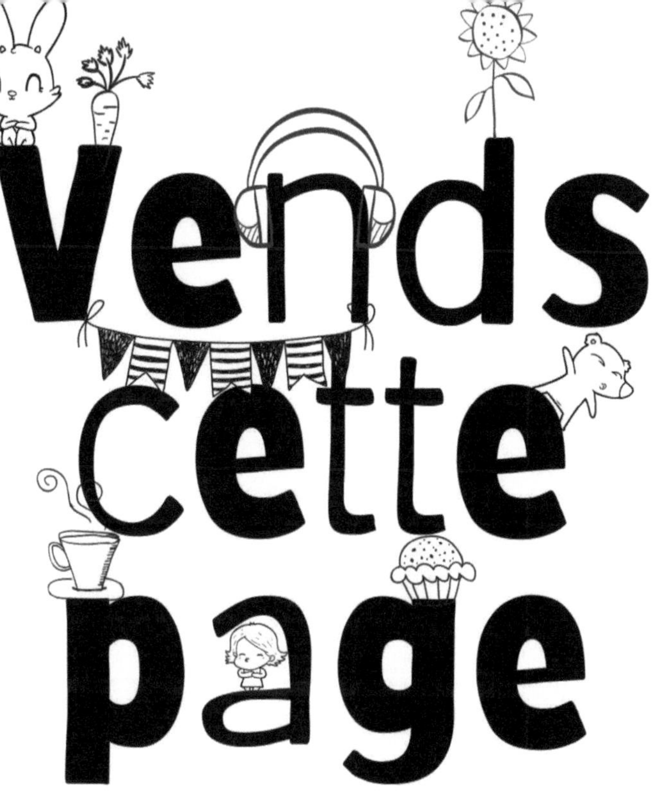

Conditions générales de vente

L'acheteur a connaissance que cette page ne pourra ni être remboursée, ni échangée, ni retournée.

Cependant, le vendeur se voit très reconnaissant que l'acheteur participe à la création d'une œuvre d'art sans commune mesure.

Merci à vous pour cet achat.

Rick Thims

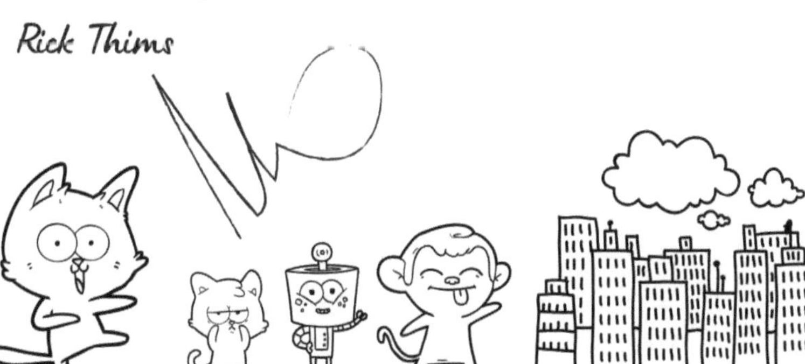

Page vendue le ________ à : ________ pour le montant de ________ €

Récure et nettoie cette page,
FROTTE BIEN !!!

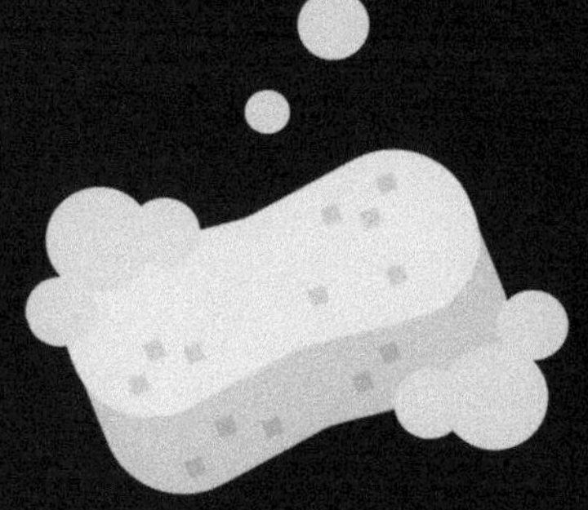

Expose ton CARNET dans un lieu PUBLIC.

Invite les gens à dessiner sur ces deux
pages.

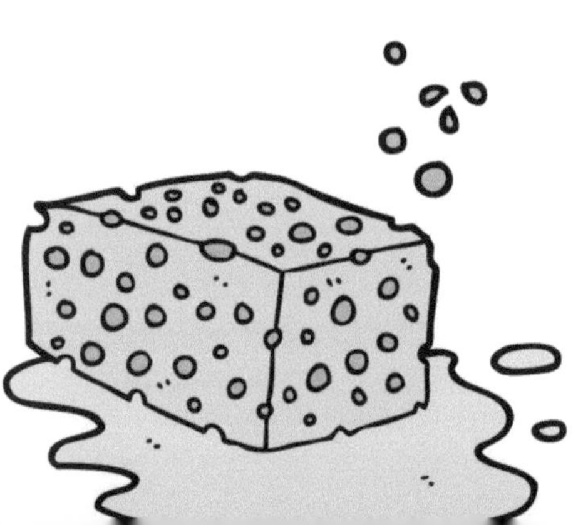

Salis cette page,
et NETTOIE-LA

Le Lancer de CARNET

RÈGLES DU JEU

1. Échauffe-toi, 5 minutes max !
2. Prends le carnet d'une main,
3. Ferme les yeux,
4. Tourne très vite sur toi-même,
5. Lance le carnet le plus loin possible,
6. Compte les pas qui te séparent de ton livre,
7. Note tes scores,
8. 3 essais par jour maximum,
9. Recommence quand tu veux.

GRILLE DE SCORES

Date	Nom du participant	Score 1	Score 2	Score 3

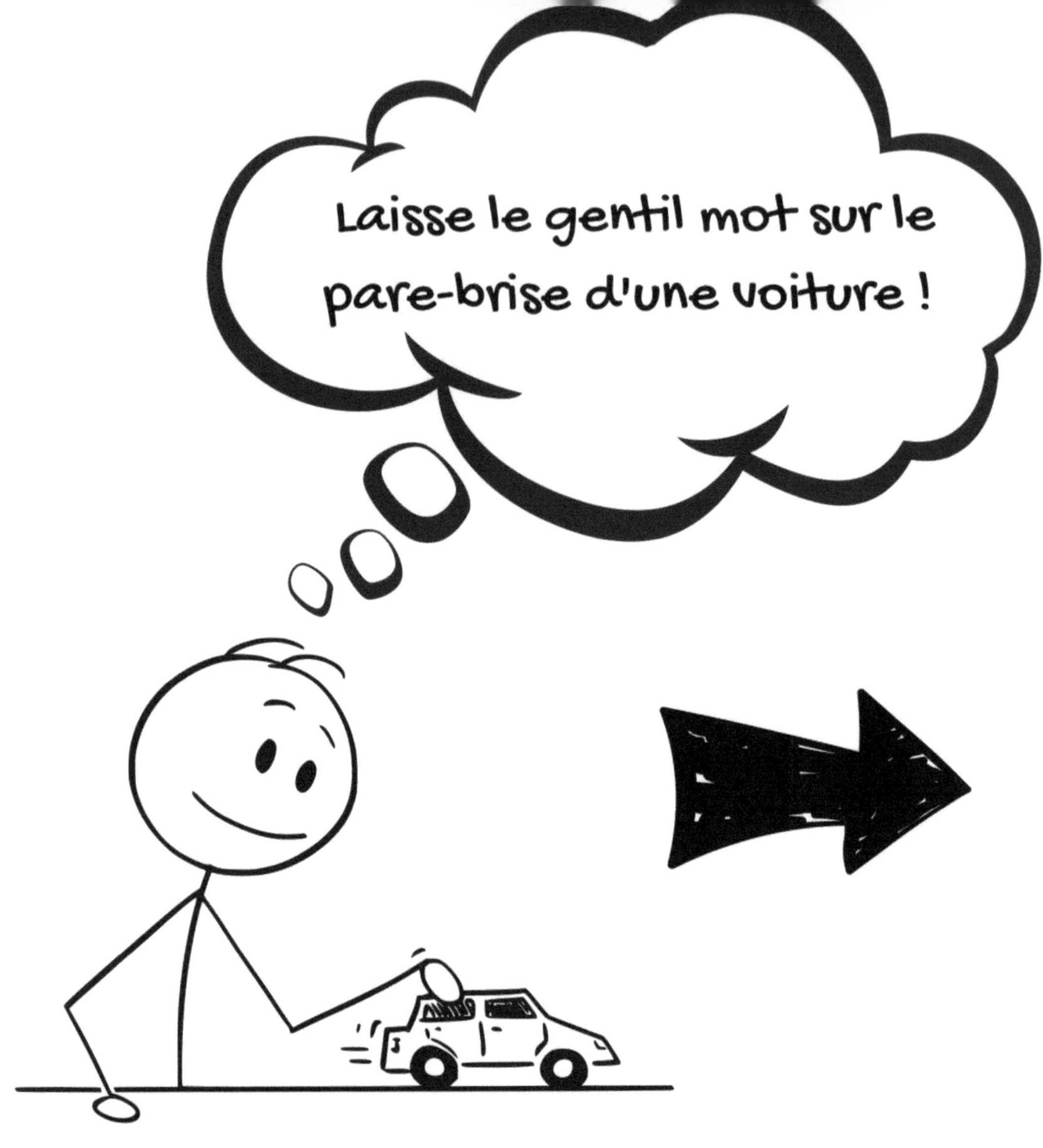

Tu peux aussi vérifier si sa voiture est sale et si son assurance ou contrôle technique est à jour !!!! ET LE LUI RAPPELER SUR LE MOT

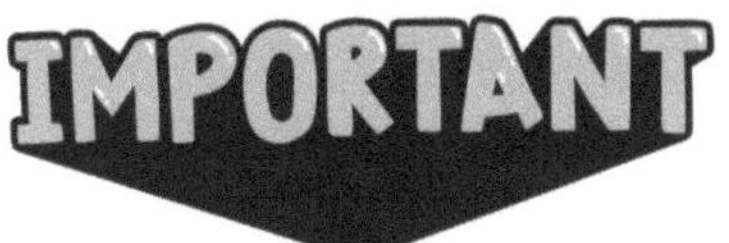

Date :

Immatriculation Véhicule

____

Petit message au conducteur :

____
____
____
____
____
____
____

Points vérifiés :

Date

Contrôle technique ☐ _______
Assurance véhicule ☐ _______
Propreté intérieure ___/20
Aspect extérieur ___/20
Note globale du véhicule ___/20

Fabrique ton collier en chaine de papier

colorie les bandelettes

Salut à toi

Alors ? Est-ce que ça t'a plu ?

Le premier but du livre était que tu te fabriques ton œuvre d'art rien qu'à toi. Si tu lis cette page, c'est que ton imagination débordante a fait son œuvre.

N'oublie pas, si tu le souhaites, je t'invite à m'envoyer les extraits de ton livre et quelques idées que tu souhaiterais y voir apparaitre au cas où je décide de sortir un nouveau livre.

Alors rendez-vous à l'adresse e-mail suivante :

rick.thims.editions@gmail.com

J'espère que tu t'es bien éclaté et que tu as bien saccagé ce pauvre livre qui maintenant fait partie intégrante de ta vie.

Au plaisir de te lire.

À très bientôt pour de nouvelles aventures !

Bien à Toi.

Rick Thims